भारतीय ज्ञानपीठ

ज्ञान गरिमा

पुस्तक माला

सरहद

साहित्य, कला व विचार में सरहद

सरहद

साहित्य, कला व विचार में सरहद

सम्पादक

लीलाधर मंडलोई

सह-सम्पादक

हीरालाल नागर

महेश्वर

भारतीय ज्ञानपीठ

भारतीय ज्ञानपीठ

ज्ञान गरिमा
पुस्तक माला

ज्ञान गरिमा पुस्तक माला : ग्रन्थांक 003

ISBN : 978-93-263-5468-4

सरहद

(नया ज्ञानोदय में प्रकाशित आलेख)

सम्पा. : लीलाधर मंडलोई

प्रथम संस्करण : 2016
मूल्य : 200 रुपये

प्रकाशक : **भारतीय ज्ञानपीठ**
18, इंस्टीट्यूशनल एरिया, लोदी रोड, नयी दिल्ली-110 003

मुद्रक : विकास कम्प्यूटर्स ऐंड प्रिंटर्स, शाहदरा-32
आवरण व साज-सज्जा : महेश्वर

SARHAD
Edited by Leeladhar Mandloi

Published by
Bharatiya Jnanpith
18, Institutional Area, Lodi Road, New Delhi-110 003
Ph. : 011-24698417, 24626467; 23241619 (Daryaganj)
Mob. : 9350536020; e-mail : bjnanpith@gmail.com
sales@jnanpith.net; website : www.jnanpith.net

First Edition : 2016
Price : Rs. 200

अपनी बात

सरहदें अशान्त हैं
20वीं से 21वीं सदी तक
कितने युद्ध
कितने महायुद्ध
कुछ कम त्रासद न था शीतयुद्ध
कोई सबक नहीं सीखा हमने
इतिहास के अशान्त ज़ख्मों से
सरहदें आज फिर माँग रही हैं जवाब
अपनी छाती पर बोई जा रही अशान्ति का
सरहदें शान्ति के पक्ष में
अपना निर्भय होना माँग रही हैं

यह याद आना स्वाभाविक है कि पहला विश्वयुद्ध 28 जुलाई 1914 को हुआ था और भारत–चीन के बीच तिब्बत सीमा विवाद 3 जुलाई 1914 को अस्तित्व में आया। दोनों घटनाओं के सौ साल होने को हैं। यह सिर्फ़ सौ सालों में कैलेंडरों का बदलना नहीं बल्कि एक पूरी सदी की छाती पर युद्ध और विवादों के प्रभावों को पढ़ना भी है। उन भीषण त्रासदियों को याद भी करना हैं जिनमें विभाजन, निर्वासन, नरसंहार और यातना शिविरों में क्रूर और हिंसक वारदातों ने मनुष्यता को जलील किया। दृश्य में जो आ सका उससे अधिक आज भी अदृश्य है और अमानुषिक कार्रवाई का कोई अलिखा–अदिखा अध्याय एकाएक सामने आकर आत्मा को झिंझोड़ कर रख देता है। पहले विश्वयुद्ध ने मानवता के लिए जो संकट खड़े किये वे अब भी मौजूद हैं। विश्वबन्धुत्व और विश्वशान्ति के प्रश्न यथावत हैं। अगर युद्ध से कोई सीख ली होती तो दूसरा विश्वयुद्ध न होता। न ही शीतयुद्ध के अघोषित आतंक के बीच दुनिया जीने को अभिशप्त होती। 20वीं शताब्दी के इन युद्धों ने विनाश के तमाम सम्भावित रिकॉर्ड को बौना साबित कर दिया है। साहित्य में

भयावह त्रासदियों के अभिलेख हैं। चाहकर भी स्मृतिहीनता का वरण किसी बुद्धिजीवी के लिए सम्भव नहीं। भू-भागीय अखंडता और सम्प्रभुता के नाम पर आज दुनिया की अनेक सरहदें अशांत हैं। विशेषज्ञों के अनुसार शीतयुद्ध के ख़तरे की घंटी बज उठी है। क्रीमिया और यूक्रेन में हुई उथल-पुथल ने पुनः शीतयुद्ध की आशंका को बल दिया है। सवाल यहाँ भी सरहद पर अशान्ति का है। संयुक्त राष्ट्र महासचिव बान की-मून की यह चेतावनी बहुत कुछ कहती है—''बढ़े हुए तनाव के मद्देनज़र छोटी-सी चिंगारी भी अनपेक्षित परिणाम की बड़ी आग में तब्दील हो सकती है।''

इस पार या उस पार
सरहदें बना दी गयी हैं अस्थिर इतनीं
कि फल-फूल रहे हैं अपराध
तमाम नैतिकताओं को धता दिखाते
सक्रिय हैं तस्कर
और देह व्यापार के दलाल
चोरी छिपे आतंकवादियों ने
कर लिया है अपने को शस्त्रों से लामबन्द
कि उनके पीछे शक्तियाँ हैं कई देशों की
बज रही हैं ख़तरे की घंटियाँ
और हलकान हैं शान्ति के पहरूए
कौन सुन रहा है सरहद की मार्मिक चीत्कार
कोई तो हो जो आगे बढ़कर कहे
शान्ति! से कम अब कुछ भी मंज़ूर नहीं

चीन, फिलिस्तीन, पाकिस्तान, तिब्बत, भूटान, भारत, म्यांमार, नेपाल, अफ़गानिस्तान, ईरान, उत्तर और दक्षिण कोरिया सहित कई देशों की सरहदें अशान्त हैं। कहा जा रहा है कि एशिया दूसरे परमाणु युग में दस्तक दे रहा है। बिना पर्याप्त सुरक्षा बन्दोबस्तों के युद्धक जलपोतों में दुर्घटनाएँ हो रही हैं। यही हाल परमाणु संयन्त्रों का है। परमाणु संयन्त्रों के आस-पास स्वास्थ्य के साथ और दीगर ख़तरे बढ़े हैं। कर्ज़ में डूबे देश भी युद्ध सामग्री की ख़रीद में प्रतिद्वन्द्वी बने हुए हैं।

सरहद की अशान्ति देश के भीतरी हिस्सों को प्रभावित कर रही है। आक्रमण का भय दिखाकर राजनीति की चौसर बिछी है और राजनेता राष्ट्रवाद के नाम पर देशहित के विरुद्ध काम करने में तनिक भी नहीं सकुचा रहे। विकास के लिए क्षेत्रीय स्थिरता अत्यन्त महत्त्वपूर्ण हैं किन्तु एशिया अस्थिर हो उठा है। चीन के रक्षा बजट (132 अरब डालर) में असामान्य वृद्धि, एक चेतावनी है। सेना प्रमुखों का ताकतवर

होना एक इशारा है तानाशाही की सम्भावित वापसी का। हाल में वुमिंग (चीन) में हत्याओं का सिलसिला वहाँ भीतर बढ़ रही अशान्ति का अदृश्य रोडमेप है। अलगाववादी शक्तियाँ ज़ेहाद के नाम पर अशान्ति के मिशन पर सक्रिय हैं। सरहद पर शस्त्र का धन्धा, ड्रग व्यवसाय और मानवतस्करी में लगातार इज़ाफा हो रहा है। एक रिपोर्ट के अनुसार ड्रग्स के भयावह असर युवा पीढ़ी पर हो रहे हैं। यानि सरहद का युवा भविष्यहीन रास्ते पर है। दरअसल एशियाई देश सरहदी तनाव के इतिहास को बोझ की तरह ढोने को अभिशप्त हैं और सह-अस्तित्व में जीने के शिल्प को खोजने में अक्षम, जबकि यूरोपीय देशों ने बड़ी हद तक सरहदों के साथ जीना सीख लिया है।

सरहद सिर्फ़ भौतिक उपस्थिति नहीं। वह राजनैतिक आकांक्षाओं से निर्मित इतिहास है। राजनीतिज्ञों के अपने तर्क हैं और अनीतिगत महत्त्वाकांक्षा का उनका अपना पहुँच मार्ग। असहमतियों को तर्कों के आधार पर जीवित रखने के स्वांग का नाम है सरहद। सरहद का अर्थ सरहद का जीवन और समाज मात्र नहीं। उसके आर-पार के देश के भीतर का जीवन,समाज भी है। कहा जा रहा है कि विकास के नाम पर लिये जा रहे क़र्ज़ की मोटी पूँजी हथियारों के ख़रीद में जा रही है या फिर अलगाववादियों को पालने-पोसने में। सरहद का सम्बन्ध तेल, अस्त्र-शस्त्र, परमाणु हथियार, ड्रग माफिया, तस्कर और जेहादियों आदि से गहरे तक जुड़ा है शान्ति के स्वप्न को छिन्न-भिन्न करता। दिलचस्प है इस सरहदी तनाव को लेकर राजनैतिक पार्टियाँ चुप हैं। उनके घोषित एजेंडे में यह विषय विदेश नीति की दृष्टि से भी अनुपस्थित है। महाप्रभुओं के प्रभुत्व में सरहदों पर जो इबारतें आज लिखी जा रही हैं उनका अर्थ कहीं तीसरे महायुद्ध में न खुले। यह आज की बड़ी चिन्ता है। रचनाकारों का आशय इससे भिन्न हो ही नहीं सकता। उनके लिखे में बेहतर दुनिया के स्वप्न थे, हैं और रहेंगे।

सरहदों पर खिंची रेखाएँ कहाँ हैं?
किसने खींची?
इस पार से उस पार जाते
पशु, पक्षी, नदी-नाले
यहाँ तक मासूम लोग
नहीं जानते सरहद
हुक़्मरानों के नक़्शों की राजनीति
नहीं जानतीं सरहदें
ये डूबी हैं ख़ून के धब्बों में
सौ सालों से

और ढो रही है इतिहास का अमंगल बोझ
सरहदें आमन्त्रित कर रही हैं
स्वप्नदृष्टाओं को कि सुनें-गुनें
सरहदों की त्रासद पुकार...
और बदल दें बदशक़्ल होती दुनिया का
वो भयावह ड्राफ्ट
जो अभी भी लिखा जा रहा है
अगले किसी युद्ध के लिए

राजनीति द्वारा सरहद पर खिंची रेखाएँ काल्पनिक हैं और अवास्तविक। चीन से अमरीका के डेनियल रसेल ने कहा है कि दक्षिण चीन समुद्र पर अपने असंगत सीमाई अधिकार को ठीक करे। चीन के खयाली अधिकार ने अनिश्चितता, सुरक्षा और अस्थायित्व के संवेदनशील प्रश्न खड़े कर दिये हैं। ऐसे ही सवाल कई देशों की समुद्री सीमाओं पर विश्व में अशान्ति बढ़ा रहे हैं।

शान्ति के सवाल क्रमशः गौण होते जा रहे हैं और अशान्ति की तरफ़ राजनीति के क़दम बढ़ रहे हैं। यही वजह है कि विकास और स्वायित्व के प्रश्न कठघरे में हैं। आज विकास के लिए निर्धारित बजट व्यय कम हो रहा है और जल, थल व वायुसेनाओं को उन्नत बनाने के नाम पर अधिक ख़र्च हो रहा है। ये ज़रूरी हो सकता है लेकिन कितना और किस हद तक। शिक्षा, स्वास्थ्य, कृषि, जल संवर्धन, जलवायु आदि प्रश्न हाशिये पर हैं। संस्कृति की तरफ़ सरकारें उदासीन हैं। मानवाधिकार हनन के आंकड़ों में अप्रत्याशित वृद्धि के संकेत हैं। जेलों में क़ैद नागरिकों और फौजियों की त्रासद स्थितियों पर न चर्चा है, न जेलबन्दियों के सही आंकड़े दृश्य में हैं। यहाँ तक युद्ध में मारे गये सैनिकों के विवरण भी सही तौर पर घोषित नहीं हैं। युद्ध में मारे गये सैनिकों के परिवारों की दयनीय आर्थिक-सामाजिक स्थिति पर भी कोई अध्ययन हुआ हो, ध्यान में नहीं आता।

सरहद पर रह रहे दोनों तरफ़ के नागरिक अशान्ति में जीने की जगह ऐतिहासिक और सांस्कृतिक सम्बन्धों की विरासत की शान्त छाँव में जीना चाहते हैं। लेकिन शान्ति के साथ जीने की इस आकांक्षा के रास्ते पर राजनीतिक स्वार्थ हैं। समय अयाचित ढंग से जब सरहद के सवालों को युद्ध की तरफ़ बढ़ता पाता है तो नागरिक समर्थन के अभाव में, उसी तरफ़ चला जाता है जो मनुष्यता के विरूद्ध है। यह सर्वमान्य तथ्य है कि युद्ध की चेतना युद्ध को और हिंसा की चेतना हिंसा को आकृष्ट करती है। इसे परिवर्तन के रास्ते पर जिम्मेदार नागरिक और बौद्धिक समाज ही मोड़ सकता है। साहित्य और कलाओं के अन्य रूप चेतना निर्माण का कार्य ही कर सकते हैं। इसीलिए यह अंक सिर्फ़ आह्वान कर सकता है कि इतिहास के इस

नाजुक दौर में बौद्धिक समाज इस दिशा में सोचने का काम करे। मुमकिन है उसके हस्तक्षेप से राजनीतिक आकांक्षाओं और आर्थिक विकास के बीच बढ़ रही दूरी कुछ कम हो। सरहद और जलमार्गों पर तनाव मन्द पड़े। व्यापारिक और सांस्कृतिक सम्बन्धों का पुनर्वास हो और शान्तिपूर्ण माहौल में देश समृद्धि के ऐजेंडे पर ध्यान केन्द्रित कर सकें। हालाँकि यह अत्यन्त कठिन है लेकिन असम्भव नहीं। एरिक हॉब्सबॉम की किताब 'Age of Extremes' (1914-91) अपने विश्लेषण में इन्हीं तथ्यों की तरफ़ इशारा करती है। बीसवीं सदी के तमाम बौद्धिक और सांस्कृतिक विश्लेषण का हासिल यही है कि युद्ध के डर से उपजी अशान्ति विश्वबन्धुत्व के रास्ते का सबसे बड़ा अवरोध है जो सरहदों पर हर समय प्रत्यक्ष और परोक्ष रूप से उपस्थित है। क्या 'ग्लोबल विलेज' की अवधारणा का मक़सद कुछ और है, यह सोचना होगा। क्या राजनेताओं की चेतना इस दुनिया को लेकर रचनाकारों से एकदम भिन्न है।

जूलिया क्रिस्तएवा का यह कथन मानीखेज़ है—'मैं नहीं मानती कि चेतना के आंकड़ों पर आधारित कोई भी तार्किक व्यवस्था इस संसार में मौजूद बुराइयों और भयावहता से निपट सकती है।' क्या रचनाकार और राजनेताओं की चेतना एक-सी है, अगर ऐसा होता तो रचनाकार सत्ता का प्रतिरोध न करते। शान्ति के लिए प्रतिरोध साहित्य में अपरिहार्य है।

किताब में प्रकाशित साहित्य का मूलस्वर दरअसल मानवीय होने का है, अशान्ति को हटाकर शान्ति में जीने की चेतना का है, एक ऐसी दुनिया का है जिसे कोई शक्ति फ़ना न कर सके।

—लीलाधर मंडलोई

अनुक्रम

अपनी बात पाँच

शब्द निवेश

निरापद-निर्बाध सरहदों के पक्ष में : मधुसूदन आनन्द 13
आजादी के साथ चुनौतियाँ भी आती हैं : पं. जवाहरलाल नेहरू 21
यह उनकी विजय है : इन्दिरा गाँधी 25
राष्ट्र की सुरक्षा—एक मिशन : ए.पी.जे. अब्दुल कलाम 28
भीतरी मोर्चे पर खतरनाक इशारे : हरिशंकर परसाई 36
युद्ध की आशंका और सरहद का त्रासद जीवन : अग्निशेखर 40
विश्व-कला से कुछ नोट्स—यह सरहद किसकी है : कुमार अनुपम 45

परिसंवाद : विभाजन, विस्थापन—कुछ अहम बातें 54

सैय्यद हैदर रज़ा, कर्तार सिंह दुग्गल, कृष्णा सोबती
कृष्ण बलदैव वैद, केदारनाथ सिंह, श्याम बेनेगल, मैनेजर पांडे
जोगिन्दर पाल, महीप सिंह, मोहम्मद हसन, असग़र वजाहत
मंगलेश डबराल, इम्तियाज़ अहमद, कैलाश वाजपेयी

अन्तः करण

फ़ैज़ के कराची में : ओम थानवी 63
मैंने आवाज की दरारों को देखा है : विजया लक्ष्मी सिन्हा 81
विस्थापन की वेदना : ज्ञानप्रकाश विवेक 87
सरहद के साथी बकरवाल : एम.आई. ख़ान 95
यह नाथुला है—सबके साझे का अनन्त घोषणापत्र : प्रियदर्शन 100

कला परिसर

जब संगीत में विस्थापन होता है : रवीन्द्र त्रिपाठी 105
भारतीय मुस्लिम समाज और 'गर्म हवा' : विनोद दास 107
सरहदों के आसपास : मनोज रूपड़ा 117
बांग्लादेश मुक्ति संग्राम : सलाम आजाद 125
कलाकारों की कोई सरहद नहीं होती : रेखा श्रीवास्तव 129
हिन्दी सिनेमा में सरहद : महेश्वर 133

मधुसूदन आनन्द

निरापद-निर्बाध सरहदों के पक्ष में

जिन अन्तरिक्ष यात्रियों ने अन्तरिक्ष से पृथ्वी को देखा है, उन्होंने इसे एक नीला-सा गोल चाँद पाया है। जिस तरह से हम आकाश में उगे पूरे चाँद का ठंडा सौन्दर्य देखकर प्रसन्न हो उठते हैं, उसी तरह अन्तरिक्ष यात्रियों को हमारी नीली-सी दिखाई देनेवाली पृथ्वी भली लगी है। 1984 में जब हमारे अन्तरिक्ष यात्री राकेश शर्मा तत्कालीन सोवियत संघ के सहयोग से अन्तरिक्ष में गये थे, तब उन्होंने भी ऐसे ही उद्गार व्यक्त किये थे। भूतपूर्व प्रधानमन्त्री इन्दिरा गाँधी ने जब उनसे पूछा था कि वहाँ से भारत कैसा लगता है तो उन्होंने जवाब दिया था—सारे जहाँ से अच्छा हिन्दोस्ताँ हमारा। अपना देश सभी को प्यारा लगता है और हमारी पृथ्वी तो वैसे भी बहुत प्यारी और सुन्दर है। इसके वन-उपवन, नदी, पहाड़ और समुद्र, जीव-जन्तु और लोग सभी की एक उदात्त शोभा है। यह अनेक वानस्पतिक और जैव प्रजातियों का घर है। समूची सृष्टि में अभी तक कहीं भी ऐसा जीवन खोजा नहीं गया है। ऐसे सुन्दर जीवन को सिर्फ मनुष्य ही प्रगति और विकास के नाम पर नष्ट करने पर तुला है। उसके लिए यह धरती कम पड़ती जा रही है। वह इसके कोने-कोने में बसा है। उसने धीरे-धीरे अपने कबीले, घर, गाँव समाज और समुदाय, राज्य और साम्राज्य बनाते हुए देश बना लिए हैं। प्रकृति ने तो सिर्फ द्वीप और महाद्वीप बनाये थे, लेकिन मनुष्य ने युद्धों और आपसी समझौतों के जरिये उनमें से अलग-अलग देश काट लिये। वस्तुतः सभ्यताओं के विकास और साम्राज्यों के विस्तार और पतन से दुनिया में अनेक देश बने और मिटे हैं। टूटे और बिखरे हैं और यह सिलसिला आज भी जारी है।

पहले तो उनकी सीमाएँ भी प्रायः परिभाषित नहीं होती थीं। अभी कोई 200 वर्ष पहले तक दुनिया में जो राज्य या साम्राज्य हुआ करते थे, उन्हें यह तो पता होता था कि उनके सरहदी इलाके कहाँ स्थित हैं, लेकिन उन्हें यह पता नहीं होता था कि वास्तविक सीमा रेखा कहाँ तक है। राष्ट्र-राज्य की नयी अवधारणाएँ सामने आने के बाद जहाँ एक ओर मनुष्य की चेतना में अपूर्व बदलाव आया, वहीं राष्ट्रों ने सीमाओं

में बँधकर रहना और दूसरों की सीमाओं का आदर करना स्वीकार किया। उनकी रक्षा के लिए सैन्य बल तैनात किये गये। इससे पहले अपने अन्तिम छोर तक पहुँचकर हर पुराने राज्य का क्षेत्राधिकार धुँधला और अस्पष्ट हो जाया करता था। लोगों को पता नहीं होता था कि वे इस पार के हैं या उस पार के।

सुप्रसिद्ध राजनैतिक चिन्तक और सम्पादक राजेन्द्र माथुर ने 'राष्ट्र-राज्य, सीमान्त और सीमा-रेखाएँ' नामक अपने एक निबन्ध में लिखा है—'रोमन साम्राज्य की तरह मुगल साम्राज्य के आन्तरिक विभाजन तो बहुत सुपरिभाषित होते थे, लेकिन उनकी बाहरी सीमाएँ बहुत धुँधली होती थीं। आईन-ए-अकबरी में अबुल फ़जल 12 सूबों का जिक्र करता है, जो सरकारों और महालों में बँटे होते थे। दिल्ली से बंगाल तक इन सरकारों और महालों की सीमा रेखाएँ क्या रही होंगी, इसका हिसाब विशेषज्ञों ने लगा लिया है, लेकिन अवध के सूबे में जब हम गोरखपुर की सरकार तक पहुँचते हैं, तो मुगल साम्राज्य की उत्तरी सीमा का कही अता-पता नहीं चलता। भारत और नेपाल को अलग करनेवाले तराई के उन घने जंगलों में स्थानीय राजे-रजवाड़े हुआ करते थे, जो मुगल साम्राज्य को मौखिक श्रद्धांजलि अर्पित करते थे, लेकिन कोई सीमा-रेखा नहीं थी। मुगलों ने इन जमीनों को अपनी मिसलों में गैर-मुमकिन बताया है, अर्थात् वहाँ खेती-बाड़ी नहीं हो सकती थी। यही हाल दक्षिण बिहार का था। ऊबड़-खाबड़ पहाड़ों के करीब पहुँचते ही मुगल सीमाएँ धुँधली हो जाती थीं। यों तो अच्छे-भले साम्राज्यों के बीचो-बीच बसा हिन्दुस्तान भी अपनी जीवन-शैली की दृष्टि से राज्यविहीन हुआ करता था, लेकिन जब हम सरहदी-इलाकों में पहुँचते हैं, तब यह राज्य-विहीनता और भी अधिक सम्पूर्ण हो जाती है।

आगे वे लिखते हैं कि 'अँग्रजों ने भी अपने साम्राज्य की सरहदों का प्रबन्ध वैसे ही किया, जैसे मुगल करते थे। नेपाल, सिक्किम और भूटान को उन्होंने धुँधला इलाका बनाये रखा। उत्तर-पूर्व में उन्होंने प्रशासन का जाल ही नहीं फैलाया। पठान सूबे में उन्होंने कबाइली हुकूमत चलने दी। तिब्बत में उन्होंने सिर्फ इतनी चिन्ता की कि कोई दुश्मन ल्हासा पर कब्जा करके खतरा न बन जाये। इससे मिलता-जुलता काम मुगलों ने किया था, जब उन्होंने कूच बिहार की रियासत को असम और अपने साम्राज्य के बीच एक बफर बना दिया था।'

एक अन्य जगह उन्होंने लिखा है—'सर हेनरी मैकमोहन' को पता था कि पुरानी सरहदों और आधुनिक रेखाओं में क्या फर्क है। उन्होंने लिखा कि 'फ्रंटियर सरहद का मतलब सीमा या बाउंड्री से कहीं ज्यादा व्यापक है। फ्रंटियर का मतलब है सीमा पर बसा लम्बा-चौड़ा इलाका या बीच के बफर राज्य, जिन्हें कोई अन्तरराष्ट्रीय सीमा-रेखा परिभाषित नहीं करती। हाल के दिनों तक भारत की उत्तर-

पूर्व और उत्तर-पश्चिमी सरहदें ऐसी ही थीं। एक तरफ भारत-अफ़गान सरहद पर आजाद कबाइली जातियों का अनिश्चित इलाका था, तो दूसरी ओर तिब्बत और चीन की सरहद पर बसे समाजों का ऐसा ही इलाका था।'

इन्हीं सर मैकमोहन के नाम पर 1914 में हुए शिमला समझौते में भारत और तत्कालीन तिब्बत के बीच मैकमोहन रेखा नक्शे पर खींची गयी थी। सर मैकमोहन भारत की अँग्रेजी हुकूमत में विदेश सचिव थे। भारत इसे उस चीन के साथ अपनी सीमा रेखा मानता है, जिसने बाद में तिब्बत को हड़प लिया था। मैकमोहन रेखा का अन्तर्विरोध यह है कि नक्शे पर तो यह एक बारीक रेखा दिखाई देती है लेकिन जब यह जमीन पर उतरती है तो कहीं तो इसकी मोटाई गज और फुट में होती है और कहीं यह मीलों मोटी हो जाती है। यही भारत-चीन के बीच विवाद की जड़ है और चीन, जिसने 1914 के समझौते पर दस्तखत नहीं किये थे, इसे मान्यता नहीं देता। जवाहरलाल नेहरू ने समझा था कि भारत ने चूँकि तिब्बत पर चीन का दावा स्वीकार कर लिया है, इसलिए चीन भी इस मैकमोहन लाइन का आदर करेगा, पर ऐसा नहीं हुआ और हिन्दी-चीनी भाई-भाई के नारों की धज्जियाँ उड़ाते हुए चीन ने 1962 में भारत पर आक्रमण कर दिया जिसमें भारत की शर्मनाक पराजय हुई। इस आक्रमण में चीन ने लद्दाख आदि में भारत के लगभग 39 हजार वर्ग किलोमीटर क्षेत्र पर कब्जा कर लिया। वह सारे अरुणाचल प्रदेश के समूचे 90 हजार वर्ग किलोमीटर क्षेत्र पर अपना दावा जताता है। इसके अलावा जम्मू और कश्मीर में पाकिस्तान ने अपने कब्जेवाले हिस्से में से 5 हजार वर्ग किलोमीटर हिस्सा चीन को भेंट कर दिया है। भारत और चीन के बीच युद्ध और झड़पों के बाद, जो आज भी होती रहती हैं, सीमा विवाद के हल के लिए वार्ताएँ हुई हैं, लेकिन आज तक मामला नक्शों के आदान-प्रदान और दावों और प्रतिदावों से आगे नहीं बढ़ पाया है। इस तरह आज मैकमोहन रेखा के 100 वर्ष बीतने के बाद भी विवाद ज्यों का त्यों है। दरअसल परिसीमन तो हो गया लेकिन सीमांकन नहीं। परिसीमन का अर्थ है किसी सन्धि या आपसी समझ से या किसी और उपाय से सीमा रेखा तय कर दी जाए और लिखकर उसे परिभाषित भी कर दिया जाए। सीमांकन का अर्थ है सीमा पर बाकायदा खम्भे गाड़े जाएँ और बाड़ बनाई जाए। फिर परिसीमन भी नक्शों के आधार पर हो सकता है और नक्शे पहले होते नहीं थे।

आज के अफ़गानिस्तान और पाकिस्तान को बाँटनेवाली 'डूरंड' रेखा तो मैकमोहन रेखा से भी ज्यादा पुरानी है, 1893 में ब्रिटिश इंडिया के प्रतिनिधि मोर्टीमर डूरंड और अफगान अमीर अब्दुर्रहमान ख़ान के बीच अपने-अपने इलाकों को लेकर एक समझौता हुआ था। तब अँग्रजों ने अफ़गानिस्तान को एक ऐसी स्वायत्त या स्वतन्त्र रियासत माना था जिसके वैदेशिक और राजनयिक सम्बन्धों पर पूरी तरह

से अँग्रजों का नियन्त्रण था। इसके बाद 1919 में इस रेखा में छोटे-मोटे फेरबदल के बाद एक समझौता हुआ जिसे 1947 में एक स्वतन्त्र देश बनने के बाद पाकिस्तान ने मान्यता दे दी लेकिन अफ़गानिस्तान आज तक झिझकता रहा है। यह सीमा रेखा दुनिया की एक सबसे खतरनाक रेखा के रूप में जानी जाती है। तालिबान और अल कायदा के उदय के बाद से तो यह खुली सीमा रेखा और भी खतरनाक हो गयी है। अफ़गानिस्तान में अमेरिका और नाटो सेनाओं पर हमले करके तालिबान बेखौफ़ पाकिस्तान की सीमा में घुस आते हैं। दरअसल अँग्रेजों ने पुराने अफ़गानिस्तान के उत्तर-पश्चिमी हिस्से पर कब्जा करके इसे ब्रिटिश इंडिया में शामिल कर लिया था। इसे उत्तर पश्चिम सीमा प्रान्त के नाम से जाना जाता रहा है, जिसका नाम बदलकर पाकिस्तान ने अब खैबर पख्तूनवा कर दिया है। सीमा के इस पार और उस पार रहनेवाले पख्तूनों की धर्म, संस्कृति, जीवन शैली और भाषा एक सी है। इसीलिए अफ़गानिस्तान डूरंड रेखा को स्वीकार नहीं करता और उसका तर्क है कि एक से लोगों को कोई सीमा रेखा कैसे बाँट सकती है। अतीत में अफ़गानिस्तान पर शासन करना अँग्रजों के बस का भी नहीं रहा। सोवियत संघ के सैनिकों को हारकर अफ़गानिस्तान से भागना पड़ा और अब आजिज आकर अमेरिकी-नाटो सेनाएँ भी भाग रही हैं। निरन्तर युद्ध ने अफ़गानिस्तान को दुनिया का सबसे खतरनाक क्षेत्र बना दिया है, जहाँ से शुरू हुए जेहादी आतंकवाद ने करीब-करीब पूरी दुनिया को अपने खूनी घेरे में दबोचने की कोशिश की है। जाहिर है कि अँग्रजों ने इस भारतीय उपमहाद्वीप पर राज करने के लिए काग़ज़ों पर जो आड़ी-तिरछी रेखाएँ खींचीं वे कालान्तर में विस्फोटक हो गयीं। अँग्रजों ने जाते-जाते बिखरे भारतीय राष्ट्र को आपस में जोड़कर एक राष्ट्र राज्य तो जरूर बना दिया मगर उसकी सीमाओं को रक्तरंजित बनने के लिए छोड़ दिया।

भारत और पाकिस्तान का विभाजन तो और भी हड़बड़ी में किया गया। इसके लिए पंच के रूप में सर सिरिस रेडक्लिफ को चुना गया। वे 8 जुलाई, 1947 को भारत आये और लॉर्ड माउंटबेटन की उपस्थिति में पंडित जवाहरलाल नेहरू, सरदार पटेल, मोहम्मद अली जिन्ना और लियाकत अली से मिले। लॉर्ड माउंटबेटन ने उनसे कहा पाँच हफ्ते में आप बँटवारा कर दीजिए। इस पर नेहरू ने कहा कि इससे भी पहले यह काम हो जाए। बँटवारे के लिए पश्चिमी भारत के सभी मुस्लिम बहुल प्रान्तों और पूर्वी बंगाल को मिलाकर पाकिस्तान को देने पर सहमति थी मगर बारीकियों को देखा जाना शेष था। रेडक्लिफ ने अन्ततः नक्शे पर 11 अगस्त तक देश को बाँट दिया। किसी अदालत या कमीशन ने आतंक, हिंसा, धमकी, लूटपाट और खूनखराबे के बीच इतना काम नहीं किया होगा, जितना कि रेडक्लिफ कमीशन ने किया। रेडक्लिफ इससे पहले कभी भारत नहीं आये थे और शायद यही उनकी

विशेषता भी मानी गयी। यह कि यह आदमी जो न हिन्दू संस्कृति को जानता है और न मुस्लिम संस्कृति को, न हिन्दी जानता है और न उर्दू बिना पूर्वाग्रह के न्याय करेगा, जिसकी नेहरू और जिन्ना दोनों को जल्दी थी। इस तरह 11 अगस्त को देश का बँटवारा हो गया और 14 अगस्त को पाकिस्तान नामक एक नया देश अस्तित्व में आ गया। यानी काग़ज़ पर खींचे गये एक नक्शे को देश बनने में सिर्फ तीन दिन लगे। जाहिर है इस ताबड़तोड़ विभाजन में खेत और खलिहान, नदी-नाले, गाँव और शहर तक भी इधर-उधर में बँट गये। ऐसे विभाजनों का सीमान्त लोगों पर क्या असर पड़ता है, इसी कटु यथार्थ पर सआदत हसन मंटो ने अपनी कालजयी कहानी 'टोबाटेक सिह' लिखी है।

इसके बाद जम्मू और कश्मीर में पाकिस्तान की ओर से कबाइली हमला हुआ और जम्मू और कश्मीर के एक भाग पर पाकिस्तान ने कब्जा कर लिया। अँग्रजों ने भारत की रियासतों को यह सुविधा दी थी कि वे चाहे तो भारत में रहें और चाहें तो नहीं। जम्मू और कश्मीर के महाराजा हरि सिंह ने शुरू में अपनी रियासत का अलग अस्तित्व बनाये रखा और भारत की बजाय पाकिस्तान के साथ 'स्टैंड स्टिल' समझौता किया। कबाइली हमले के बाद जिसके पीछे पाक सेना के लोग थे हरि सिंह ने नेहरू से प्रार्थना की और जब अपनी रियासत के भारत में विलय की शर्त को स्वीकार किया तो भारत ने अपनी फ़ौजें भेजीं। भारत-पाकिस्तान के बीच तीन युद्ध, एक अघोषित युद्ध (कारगिल) और कई छोटी-बड़ी सैन्य झड़पें हो चुकी हैं। इसके अलावा पाकिस्तान ने आतंकवाद के रूप में छाया-युद्ध भी चलाया हुआ है। आज दोनों देश परमाणु हथियार सम्पन्न राष्ट्र हैं, इसलिए कश्मीर को एक खतरनाक जगह के रूप में देखा जाता है जिसे भारत से अलग करना पाकिस्तान का एक मुस्लिम राष्ट्र के नाते सबसे बड़ा सरोकार है, क्योंकि विभाजन धर्म के आधार पर हुआ था और तब जम्मू कश्मीर में बहुमत मुसलमानों का था। हालाँकि पाकिस्तान से ज्यादा मुसलमान आज भारत में बसते हैं। पाकिस्तान में हिन्दू और सिख ही नहीं शिया और अहमदिया मुसलमान भी आतंक के साये में जीते हैं। क्योंकि आतंकवादियों को सिर्फ सुन्नी पाकिस्तान चाहिए। जरा गौर कीजिए कि विभाजन के दौरान 10 लाख लोग मारे गये और एक करोड़ से ज्यादा विस्थापित हुए। फिर पाकिस्तान के टूटने और बांगलादेश के उदय के दौरान भी खून-खराबा हुआ। जहाँ आज भी वे बिहारी मुसलमान रहते हैं जो पश्चिमी पाकिस्तान नहीं जा पाये थे। आज भी सरहदों पर खून-खराबा होता है। जम्मू कश्मीर में घुसपैठिए भेजे जाते हैं तो बांग्लादेश से रोजी-रोटी के लिए लोग भारत में घुसपैठ करते हैं। उधर डूरंड रेखा पर पाकिस्तान आतंकवादियों के कारण हमले झेलता है। वैसे तो यूरोप का नक्शा कई बार बना और बिगड़ा और कई बड़े साम्राज्यों का उदय और पतन हुआ, लेकिन पहले विश्वयुद्ध

(1914-1918) के कारण यूरोप के चार बहुजातीय साम्राज्यों—रूस, जर्मनी, ऑस्ट्रिया, हंगरी और ओटोमन का पतन हुआ और कई नये देशों का जन्म हुआ। आज से करीब 100 साल पहले 1914 में पहला विश्वयुद्ध शुरू हुआ था, जिसके बाद यूरोप में भारी उथल-पुथल हुई। इस युद्ध में 1 करोड़ 20 लाख सैनिक मारे गये और 2 करोड़ घायल हुए। उस समय ब्रिटेन दुनिया की सर्वोच्च ताकत मानी जाती थी। जर्मनी ने उसी जमाने में कैसर विल्हेम द्वितीय के शान में अपनी औद्योगिक और सैन्य क्षमता काफी बढ़ा ली थी। वह अपनी उस ताकत के अनुरूप विश्व में एक बड़ी राजनैतिक शक्ति के रूप में अपना लोहा मनवाना चाहता था। जर्मनी की प्रतिक्रिया में ब्रिटेन, फ्रांस और रूस भी अपनी सैन्य मासपेशियाँ बना और दिखा रहे थे। ब्रिटेन, फ्रांस, जर्मनी आदि के तो उपनिवेश भी दुनिया भर में फैले हुए थे। उधर पुराने ओटोमन साम्राज्य (तुर्की) के टूटने से यूरोप में सुर्निया, मोंटेनेग्रो और रोमानिया जैसे नये देश बने थे क्योंकि सर्वों के विस्तार से वह सशंकित था।

1908 में ऑस्ट्रिया-हंगरी ने सर्वबहुल बोस्निया-हर्जेगोविना को हड़प लिया था। इसके कोई 6 साल बाद बोस्निया की राजधानी सरायेनो में एक उग्र राष्ट्रवादी सर्व छात्र ने अपने प्रतिशोध में ऑस्ट्रिया के उत्तराधिकारी फ्रांज फर्डिनेंड की हत्या कर दी। इस पर तमतमाए ऑस्ट्रिया-हंगरी साम्राज्य ने जर्मनी की शह और सहयोग पर अपने पड़ोसी सर्बिया को धमकी दी और फिर महायुद्ध शुरू हो गया जो चार साल तक चला। एक तरफ थे—ऑस्ट्रिया, जर्मनी और बचा खुचा ओटोमन साम्राज्य (तुर्की) और दूसरी तरफ थे—ब्रिटेन, फ्रांस, रूस, इटली और जापान। बाद में अमेरिका भी इनके साथ हो गया। इनमें से अधिकतर देशों के चूँकि दुनिया भर में उपनिवेश थे, इसलिए उपनिवेशों से भी सैनिक मँगाए गये। तब भारतीय सिपाही भी अँग्रजों के लिए लड़े थे। इस विश्वयुद्ध का एक परिणाम जहाँ रूसी कम्युनिस्ट क्रान्ति (1917) के रूप में सामने आया वहीं जर्मनी और इटली बाद में फासीवाद की ओर बढ़ गये। ब्रिटेन और फ्रांस ने पश्चिम एशिया में पंख फैलाने शुरू किये। चीन और जापान के बीच तनाव तनातनी में बदलने लगा तो अमेरिका को दुनिया में अपना प्रभुत्व बढ़ाने का मौका मिला। जो भी हो ऑस्ट्रिया को हंगरी से अलग कर दिया गया और उस साम्राज्य का एक हिस्सा सर्बिया को दे दिया गया जिससे युगोस्लाविया नामक नया देश बना। अन्य हिस्सों में पोलैंड और चेकोस्लोवाकिया जैसे नये देशों का उदय हुआ।

इसके बाद कई दशकों तक दुनिया शीत युद्ध की चपेट में रही। एक तरफ अमेरिका और नाटो की छत्रछाया में पश्चिमी यूरोप के देश थे तो दूसरी तरफ सोवियत संघ और वारसा सन्धिवाले पूर्वी यूरोप के देश। दोनों खेमों में हथियारों और ताकत की होड़ छिड़ी रही और क्यूबा में सोवियत मिसाइलें तैनात करने के क्रम में एक क्षण

ऐसा भी आया, जब परमाणु युद्ध की नौबत आ गयी। इस दौड़ में बने रहने के लिए सोवियत संघ ने अपनी अर्थव्यवस्था का दिवाला पिटवा लिया और वहाँ असन्तोष बढ़ने लगा। इसी पृष्ठभूमि में उदार नेता मिखाइल गोर्बाचौफ का उदय होता है, जो बन्द सोवियत समाज की सलवटें खोलने के लिए 'ग्लासनोस्त' (खुलापन) और 'पेरेस्त्रोइका' (पुनर्रचना) की अभूतपूर्व नीतियाँ लेकर सामने आते हैं। सोवियत संघ ने हंगरी और पोलैंड में लोकतान्त्रिक क्रान्तियों को बरसों तक अपनी सैन्य ताकत के बल पर रोके रखा लेकिन नया मनुष्य और नया समाज बनाने के मार्क्सवादी-लेनिनवादी प्रयोगों के विफल हो जाने के बाद सोवियत संघ न केवल पूर्वी यूरोप में अपने प्रभाव क्षेत्र को अक्षुण्ण नहीं रख पाया बल्कि खुद भी बिखर गया। कई राजनैतिक चिन्तक सोवियत संघ, पाकिस्तान और इस्राइल (इजरायल) को (इसमें युगोस्लाविया को भी जोड़ा जा सकता है) कृत्रिम देश मानते हैं जो पहले दिमाग या नक्शे पर बने और फिर जमीन पर उतारे गये। सोवियत संघ राष्ट्रीयताओं के आधार पर नहीं बल्कि विचारधारा के आधार पर गढ़ा गया तो पाकिस्तान धर्म के आधार पर। इजरायल यहूदी धर्म के आधार पर उतना नहीं जितना कि दूसरे महायुद्ध के दौरान यहूदियों के व्यापक नरसंहार का प्रायश्चित करने के नाम पर। आज सोवियत संघ बिखर चुका है। पाकिस्तान के दो टुकड़े हो चुके हैं और इजरायल सिर्फ अमेरिका यहूदियों के अपार समर्थन के बल पर टिका है जिसने फिलिस्तीनी राष्ट्र को दर-बदर करके अपना अस्तित्व बना रखा है। दुनिया में जेहादी आतंक के बढ़ने के बुनियादी कारण फिलिस्तीनियों की गाजा पट्टी और जोर्डन नदी के पश्चिमी किनारे में नारकीय हालत है।

इधर सोवियत संघ के वारिस के रूप में पहचाने जानेवाले रूस ने नाटो के फैलते पंखों के प्रतिकार में अपनी ताकत दिखानी शुरू की है और यूक्रेन नामक स्वतन्त्र देश के हिस्से क्रीमिया का विलय कर लिया है, जहाँ रूसी भाषी और रूसी मूल के लोगों की बहुतायत है। उसकी निगाह यूक्रेन पर भी है, जो अभी सोवियत संघ के बिखरने से पहले उसी का एक गणतन्त्र था। एक बार फिर से शीतयुद्ध की वापसी की आहटें सुनाई देने लगी हैं और देशों के नक्शे बदलने के सीन उभरने लगे हैं। आज एक सरहद का अतिक्रमण हुआ है तो कल उसकी प्रतिक्रिया में कुछ और हो सकता है। क्रीमिया किसी जमाने में रूसी गणतन्त्र का ही हिस्सा था। 1954 में निकिता ख़्रुश्चेव ने इस भूभाग को यूक्रेन को भेंट कर दिया था। अब रूस ने इसे फिर से हासिल कर लिया है। विश्व की ताकतें आज के ग्लोबल दौर में अपने आर्थिक राजनय और कूटनीतिक दबाव के बल पर अपने प्रभाव क्षेत्र बनाती हैं पर कभी-कभी सैन्य ताकत का इस्तेमाल करने से भी नहीं चूकतीं। जो भी हो मानवीय इतिहास में युद्धों के जरिए सीमा विस्तार का जो सिलसिला ईसा से पहले से ही शुरू

हो चुका था, वह मानवीय प्रगति और विकास के बावजूद आज भी जारी है। कई चिन्तक एक विश्व और एक विश्व सरकार का नारा देते हैं जो दुनिया भर में राष्ट्रीयताओं और उपराष्ट्रीयताओं के सनातन संघर्ष के दौर में सम्भव नहीं लगता। मगर व्यापक खून-खराबे, विस्थापन और उथल-पुथल को देखते हुए इसकी कोशिश तो की जा सकती है।

लेकिन एक अलग धरातल पर देखें तो लगत है कि जब इस पृथ्वी पर दूसरी प्रजातियों के लिए कोई सीमा कोई सरहद नहीं है, तो सिर्फ मनुष्य के लिए ही क्यों हो? देश और राष्ट्र-राज्यों में अपने को बाँधकर दुनिया विवेकवान कहाँ बनी है? उसमें शालीन सम्भ्रान्त संस्कार कहाँ आये हैं? न्याय और नैतिक बोध कहाँ आया है? सीमाओं का अतिक्रमण और घुसपैठ क्यों होती है? एक देश दूसरे से ज्यादा ताकतवर क्यों बनना चाहता है। सीमाओं पर सन्देह क्यों बने रहते हैं?

मनुष्यों और देशों के बीच सीमा विवाद क्यों है? यह कब होगा कि हर मनुष्य कहीं भी आने-जाने के लिए और बसने के लिए स्वतन्त्र होगा और ऐसी स्थितियाँ बनेंगी कि कोई कभी रोजी-रोटी के लिए अपना घर और गाँव छोड़ने की नहीं सोचेगा। कोई आदमी अपना घर और गाँव कभी नहीं भूलता। सुप्रसिद्ध कवि रघुवीर सहाय ने कभी एक छोटा-सा लेख लिखा था जिसमें कहा गया था कि आदमी को अपने घर जाते रहना चाहिए, इससे शक्ति मिलती है। घरों और देशों से दर-बदर होनेवाले कवि और लेखकों ने उन जगहों को शिद्दत के साथ याद किया है, जहाँ वे उगे थे और उनमें कोंपलें फूटी थीं और जो कुछ देशों की महत्त्वाकांक्षाओं के कारण हमेशा-हमेशा के लिए घिर गयीं और वे कभी वहाँ वापस नहीं लौट सके। वे जगहें-सरहदें सभी को हांट करती हैं। जहाँ लोग और उनका बहता जीवन था। भारत के विभाजन की त्रासदी पर लिखा गया साहित्य भी इसका गवाह है। सरहदें और सीमा रेखाएँ स्थायी नहीं होतीं मगर जगहें वहीं कायम रहती हैं, जहाँ वे थीं। इसलिए जितना भी सम्भव हो मनुष्य को सरहदों और सीमा रेखाओं को निरापद और निर्बाध बनाना चाहिए ताकि आनेवाले समय में विश्व-नागरिक साइबेरियाई पक्षियों की तरह सुदूर तक जा सके और फिर वापस अपने पर्यावरण में लौट सके।

पं. जवाहरलाल नेहरू

आजादी के साथ चुनौतियाँ भी आती हैं

कितने बरस हुए कि हमने किस्मत से एक बाज़ी लगायी थी। एक इकरार किया था। प्रतिज्ञा की थी। अब वक्त आया कि हम उसको पूरा करें। बिलकुल पूरी तो शायद अब भी न हो, लेकिन फिर भी एक बड़ी मंजिल पूरी हुई, हम वहाँ पहुँचे।

मुनासिब है कि ऐसे वक्त पहला काम हमारा यह हो कि हम एक पुरानी और एक नयी प्रतिज्ञा फिर से करें, इकरार करें, आइन्दा हिन्दुस्तान का और हिन्दुस्तान के लोगों की खिदमत करने का। चन्द मिनट में यह एसेम्बली एक पूरी तौर से आजाद खुदमुख़्तार एसेम्बली होगी और यह एसेम्बली नुमायन्दगी करेगी एक आजाद खुदमुख़्तार मुल्क की। चुनांचे इसके ऊपर जबरदस्त जिम्मेदारियाँ आती हैं और अगर हम उन जिम्मेदारियों को पूरी तौर से महसूस न करें तब शायद हम अपना काम पूरी तौर से नहीं कर सकेंगे। इसलिए यह जरूरी हो जाता है कि हम ऐसे मौके पर पूरी तौर से सोच-समझ के इसका इकरार करें और जो रेजोल्यूशन प्रस्ताव मैं आपके सामने पेश कर रहा हूँ, वो इस इकरार, इस प्रतिज्ञा का है।

हमने एक मंजिल पूरी की और इसकी खुशियाँ मनायी जा रही हैं। और हमारे दिल में भी खुशी है, किसी कदर गुरूर है और इत्मीनान है। लेकिन यह भी हम जानते हैं कि हिन्दुस्तान भर में खुशी नहीं और हमारे दिल में भी रंज के टुकड़े काफी हैं और दिल्ली से बहुत दूर नहीं, बड़े-बड़े शहर जल रहे हैं, वहाँ की गर्मी यहाँ तक आ रही है। खुशी पूरी तौर से नहीं हो सकती, लेकिन फिर भी हमें इस मौके पर हिम्मत से इन सब बातों का सामना करना है। न हाय-हाय करनी है, न परेशान होना है। जब हमारे हाथ में बागडोर आयी तो फिर उसको ठीक तौर से गाड़ी को चलाना है। आमतौर से जब मुल्क आजाद होते हैं काफी परेशानियों, मुसीबतों, खूँरेजी के बाद होते हैं। कुछ तो काफी ऐसी ही खूँरेजी हमारे मुल्क में भी हुईं। और इस ढंग से हुई, जो कि बहुत ही तकलीफदेह होती है। फिर भी हम आजाद हुए, बाअमन तरीके से, शान्तिमय तरीकों से और एक अजीब मिसाल हमने दुनिया के सामने रखी।

आजाद हम हुए लेकिन आजादी के साथ मुसीबतें और बोझे आते हैं। उनका हमें सामना करना है, उनको ओढ़ना है और जो हमने स्वप्न देखा था उसको पूरी तौर से एक असल बनाना है। मुल्क को आजाद हमें करना था, मुल्क से गैर हुकूमत को अलग करना था वो काम पूरा हुआ। लेकिन गैर हुकूमत को अलग करके तो काम पूरा नहीं हुआ, जब तक एक-एक इनसान हिन्दुस्तान की आजादी की हवा में न रह सके और उसकी तकलीफें दूर न हों और जो मुसीबतें हैं वो हटाई न जाएँ। चुनांचे एक बहुत बड़ा हिस्सा हमारे काम का बाकी है, और जब तक वो बातें पूरी न हों, उस वक्त तक हमारा काम जारी रहेगा।

बड़े-बड़े सवाल हमारे सामने हैं और उनकी तरफ देख के कुछ दिल दहला-सा जाता है, लेकिन फिर हिम्मत आती है सोच के कि कितने बड़े सवाल, पुराने जमाने में हमने हल किये, तो क्या हम इन और सवालों से दब जाएँगे। ताकत और गुरूर कुछ हमारा अपना शख्सि और व्यक्तिगत नहीं है, लेकिन कुछ गुरूर है अपने मुल्क में, कुछ इतमीनान है अपनी कौम की ताकत में, जिन लोगों ने इतनी मुसीबतें झेलीं और इसलिए यह भी इत्मीनान होता है जो इस वक्त और परेशानियाँ और बोझे हैं उनको भी हम ओढ़ेंगे और उन सवालों का भी हल करेंगे। आखिर हिन्दुस्तान कैसा मुल्क है, अच्छा है कि हम इस वक्त खास तौर से इस बात क़ो याद रखें कि इस आजादी के दरवाजे पर जब हम खड़े हैं कि हिन्दुस्तान किसी एक फिरक़े का मुल्क नहीं है, एक मज़हबवालों का नहीं है बल्कि बहुत सारे बहुत किस्म के लोगों का है, बहुत धर्म और मज़हबों का है। किस तरह की आजादी हम चाहते हैं? हमारी तरफ से पहले भी यह कहा गया है, जो पहला रेजोल्यूशन मैंने यहाँ पेश किया था, उसमें भी यह कहा गया था कि यह जो आजादी हमारी है वो हर एक हिन्दुस्तानी के लिए है। हर एक हिन्दुस्तानी को बराबर के हक़, हर एक हिन्दुस्तानी को उस आजादी के बराबर का हिस्सेदार होना है। इस ढंग से हम आगे बढ़ेंगे और अगर कोई ज्यादती करेगा तो ज्यादती को रोकेंगे चाहे कोई हो। अगर किसी पर ज्यादती होगी तो उसकी मदद करेंगे चाहे वो कोई भी हो। इस तरह से अगर हम चलेंगे तब हम इन बड़े मसलों को हल करेंगे। लेकिन अगर हम तंगख्याली में पड़ जाएँगे तब वो मसले हल नहीं होते। मैं इस रेजोल्यूशन को आपके सामने पेश करता हूँ और अँग्रेजी जबान में उसको पढ़कर अभी आप को सुनाऊँगा।

यह देश स्वतन्त्र हुआ, आजाद हुआ और जो बाहर के लोग यहाँ हुकूमत करते थे, वह अलग हुए, बड़ी भारी बात हुई, बड़ी भारी बात, कई मायनों में हुई, एक तो यह कि एक बड़े देश का आजाद होना, दुनिया पे असर डालता है। दूसरे यह कि जिस ढंग से यह काम हुआ, गाँधी जी के रास्ते पर कुछ चलने से, उसने भी दुनिया पर बड़ा असर डाला। आमतौर से दुनिया में दंगा-फसाद लड़ाई-झगड़े से यह काम

होते थे, खून बहता था, मुसीबत आती थीं, लेकिन शुरू से महात्मा जी ने हमें बताया कि बड़े कामों को हमें दूसरे तरह से करना चाहिए, बड़े या छोटे काम और आप जानते हैं कि हमने अँग्रेजी साम्राज्य से बड़ी लड़ाई लड़ी। हमने, देश के लोगों ने, किसानों ने, सबों ने, लेकिन कमोबेश शान्ति से लड़ी और एक बड़ी शक्ति हमने पैदा की, शान्ति से उनका मुकाबला और इस तरह से हमने स्वराज्य लिया और इसका दुनिया पर बड़ा असर यह हुआ कि हाँ शन्ति से काम करने में भी, बड़ी शक्ति है, लोग इस बात को भूल गये, तो यह बड़ा काम हुआ और यह जो हमने एक स्वप्न देखा था पहले, वो असल में पूरी हो गयी बात कि देश आजाद हुआ।

आम तौर से जब मुल्क आजाद होते हैं काफी परेशानियों, मुसीबतों, खूँरेजी के बाद होते हैं। कुछ काफी ऐसी खूँरेजी हमारे मुल्क में भी हुई है। और इस ढंग से हुई, जो कि बहुत ही तकलीफदेह होती है। फिर भी हम आजाद हुए, बाअमन तरीके से, शान्तिमय तरीकों से और एक अजीब मिसाल हमने दुनिया के सामने रखी।

अब जाहिर है कि एक नये शहर बसाना कोई एक आसान नहीं होता। उसमें थोड़ा-सा वक्त लगता है। यह भी जाहिर है कि, करीब दो बरस से आप लोग और लाखों आदमी बहुत परेशान हैं और घबरा गये हैं, कितना वक्त लगेगा। लेकिन यह भी आप जानते हैं कि यह सवाल, जो वहाँ के शरणार्थियों का है, कितने लोग, पंजाब से, पाकिस्तान के अलग अलग हिस्सों से, पंजाब, सरहद, सिन्ध वगैरह से कितने लोग आये करीब अन्दाजा लगाया गया है कि करीब पैंसठ और सत्तर लाख लोग आये हैं, और इतने लोगों का इन्तजाम करना किसी बड़े से बड़े मुल्क के लिए, एक बहुत-ही मुश्किल बात है। हमसे गलतियाँ भी हुईं और हो भी जाती हैं अकसर ऐसे कोई बड़े काम को न हम समझ सकते थे, न हमसे इतने लोग थे जो उसको सँभाल सकें। ख़ैर हलके-हल्के अपनी गलतियों से हमने कुछ सीखा, और अब हम ज्यादा मजबूती से, ज्यादा अच्छी तौर से उसको किया चाहते हैं और तरह-तरह के शहर बस रहे हैं, बसाये जाएँगे, उनमें एक यह फरीदाबाद तो है, और भी ऐसे बहुत है। फरीदाबाद में इस वक्त, आप इस कैम्प में रहते हैं, इस करीब मील दो मील के फासले पर एक नया शहर आबाद होगा। अब आप लोगों में से जितने चाहें उसमें रह सकते हैं और काम आपको मिल सकता है, और अलावा उसके कुछ और भी लोग आएँगे, पंजाब के कुछ और लोग वहाँ रहने आएँगे।

अब हम कोशिश यह करते हैं, महज यह नहीं, पहली कोशिश थी, जब आप लोग आये, यानी पाकिस्तान से लोग भागे भागे आये, सबमें पहले इस बात की फिक्र थी, किसी न किसी तरह से इनको बचाओ, वहाँ से, हम लाये, रेल पर, हवाई जहाज पर, सड़क से, मोटर से, इस तरह लाखों आदमी आये और रास्ते में भी आप

जानते हैं, बड़े-बड़े हादसे हुए। रेलों पर क्या-क्या मुसीबतें आईं।

इधर तो यह आ गये, फिर पहला सवाल हुआ उनको कुछ न कुछ खाना खिलाने का, कुछ न कुछ, आखिर कहीं सहारा रहने का हो, अच्छा नहीं, लेकिन बाहर सूरत, कहीं हो, जहाँ वह रह सकें। कैम्प बड़े-बड़े खुले, कुरुक्षेत्र में और जगह। कुछ इधर थोड़े से काम वगैरह का भी इन्तजाम हुआ, लेकिन सबों का नहीं हुआ। अब जो सवाल हमारे सामने है, वह यह कि मुस्तक़िल तौर से, मजबूती से लोगों को कहीं जमाना, बसाना ताकि उनको महज, एक थोड़ा-सा खाना मिले या एक छप्पर मिल जाए उसके नीचे रहने को, लेकिन ऐसी जगह, जहाँ उनकी नयी जिन्दगी बन सके।

हमने इन्तजार किया है कि जो लोग लाहौर से अमृतसर जा सकते हैं वह आसानी से जा सकें और जो अमृतसर से लोग लाहौर जाना चाहते हैं वह वहाँ जा सकें। रेलवे ट्रेंस का इन्तजाम हुआ है और मोटरलारियों का और मुझे उम्मीद है कि बहुत जल्दी जो लोग इधर से उधर, उधर से इधर जाना चाहते हैं या जो लोग बेपनाह हैं, भागे हुए हैं उनके जाने का पूरा इन्तजाम हो जाएगा।

(स्वाधीन भारत के प्रथम प्रधानमन्त्री पंडित जवाहरलाल नेहरू द्वारा यह ऐतिहासिक भाषण 14.8.1947 को कांस्टीटयूएंट एसेम्बली के समक्ष दिया गया। इसका प्रसारण आकाशवाणी से हुआ था।)

इन्दिरा गाँधी

यह उनकी विजय है

भाइयो और बहनो,

आपको सुनकर खुशी होगी कि बंगलादेश में पश्चिमी पाकिस्तान की सेना ने बिना शर्त हथियार डाल दिए हैं। ढाका आज एक स्वाधीन देश की स्वतन्त्र राजधानी है। आज सायंकाल 4:31 मिनट पर ढाका में पाकिस्तान के लेफ्टिनेंट जनरल ए.ए.के. नियाज़ी ने पाकिस्तान की पूर्वी कमांड की ओर से आत्म-समर्पण प्रपत्र पर हस्ताक्षर कर दिए हैं। इस प्रपत्र को लेफ्टिनेंट जनरल जगजीत सिंह अरोड़ा ने स्वीकार किया जो कि भारतीय और बंगलादेश फ़ौजों के पूर्वी कमांड के जी-ओ-सी-इन कमांड हैं।

पूरे राष्ट्र में इस ऐतिहासिक घटना से प्रसन्नता की लहर दौड़ रही है। हम बंगलादेश की जनता की विजय का अभिनन्दन करते हैं। मुक्तिवाहिनी के जवानों और लड़कों की बहादुरी और देश-भक्ति का जय-जयकार करते हैं। हमें अपनी सेनाओं की क्षमता और गुणों पर गर्व है। वे अनुशासन और कर्तव्यनिष्ठा के लिए प्रसिद्ध हैं। भारतीय जनता उन वीरों के प्रति अनुगृहीत रहेगी जिन्होंने जीवन का बलिदान दिया। हमारा सबका ध्यान उनके परिवारों की ओर है।

हमारी सेना को यह आदेश है कि वे पाकिस्तानी युद्धबन्दियों के साथ जेनेवा कन्वेंशन के अनुसार व्यवहार करें और बंगलादेश की जनता के सभी वर्गों के साथ मानवीय वर्ताव करें। मुक्तिवाहिनी के कमांडरों ने भी ऐसे ही आदेश अपनी सेना को दिये हैं। अभी तक बंगलादेश की सरकार को जेनेवा कन्वेंशन पर हस्ताक्षर करने का अवसर नहीं मिला है, पर उन्होंने यह घोषित कर दिया है कि वे भी इस कन्वेंशन का पूरी तरह पालन करेंगे। यह बंगलादेश की सरकार, मुक्तिवाहिनी और हमारी सेना की जिम्मेदारी होगी कि प्रतिशोध यानी बदला न हो।

हमारे उद्देश्य सीमित थे। बंगलादेश की साहसी जनता और मुक्तिवाहिनी को अपनी भूमि से आतंक व अत्याचार दूर करने में मदद करना और साथ ही अपने देश पर आक्रमण को रोकना। भारतीय सेनाएँ बंगलादेश में आवश्यकता से एक दिन

भी अधिक नहीं रहेंगी। लाखों लोगों को हमारे देश में शरण लेनी पड़ी थी। अब उनकी वापसी यात्रा आरम्भ हो रही है। इस युद्ध पीड़ित देश के नवनिर्माण के लिए वहाँ की जनता और सरकार को एक साथ होकर कठोर परिश्रम करना होगा।

हमें आशा है कि बंगलादेश के राष्ट्रपिता शेख मुजीबुर्रहमान अपनी जनता के बीच अपना उचित स्थान ग्रहण करेंगे और बंगलादेश को शान्ति, प्रगति और खुशहाली की ओर ले जाएँगे। समय आ गया है जब वो सब मिलकर 'सोनार बंगला' के मंगलमय भविष्य की कामना कर सकते हैं। हमारी सद्‌भावनाएँ उनके साथ हैं। विजय केवल उनकी नहीं है, मानवीय भावना का सम्मान करनेवाले सभी राष्ट्र यह मानेंगे कि यह इनसान की आजादी की खोज में एक नयी मंजिल है।

जयहिन्द!

● ● ●

भारतीय संसद के सैंट्रल हाल में संसद-सदस्यों द्वारा प्रधानमन्त्री श्रीमती इन्दिरा गाँधी के सम्मान में आयोजित अभिनन्दन समारोह के अवसर पर दिए गये भाषण का महत्त्वपूर्ण अंश।

(उपराष्ट्रपति जी अगर आप इजाज़त दें तो थोड़े से शब्द पहले हिन्दी में कह के फिर मैं अँग्रेजी में बोलूँगी)

मैं आप सब, जो अलग-अलग राजनैतिक दल के हमारे साथी यहाँ बैठे हैं उन सबको धन्यवाद देना चाहती हूँ। जो इन दलों के नेताओं ने शब्द कहे हैं उनके लिए और जो इन पिछले कठिन महीनों में उन्होंने पूरा सहयोग और सहायता दी और एक नयी तरह की एकता सारी दुनिया को हम दिखा सके। यह धन्यवाद देने का समय है और देश को बधाई देने का समय है (तालियाँ) जिन्होंने लड़ा चाहे जान बलिदान की चाहे दूसरी कुर्बानी की, जिन्होंने दूसरे काम हाथ में उठाये या जिन्होंने हमारे गरीब भाइयों ने अपना वेतन इस समय नहीं बढ़ने दिया और कहा इसको हम जब काम पूरा होगा तब लेंगे। इन सबकी क़ुर्बानी ने इस देश को शक्ति दी। इन सब की इस भावना ने हमको एक नयी जान दी। इन सबको हम बधाई देते हैं, इन सब को हम धन्यवाद देते हैं और इन सबसे हम और बहुत आशाएँ भी रखते हैं। क्योंकि कठिनाई के दिन कभी पूरे नहीं होते हैं। जब तक इनसान जीवित है, तब तक उसके सामने नये प्रश्न आएँगे, नयी समस्याएँ आएँगी, नयी चुनौतियाँ आएँगी। और हमारी जो प्रार्थना थी और अपने देश से आशा थी कि हरेक चुनौती से हमें नयी शक्ति मिले, हरेक अनुभव से हम कुछ और सीख सकें जिससे कि आगे के रस्ते पर तेजी से बढ़

सकें। तो वो हम कह सकते हैं कि यह जो एक बहुत बड़ी चुनौती आयी थी उसका सामना हमारे देश ने, हमारी बहादुर सेना ने, बी.एस.एफ और सब जितने लोग थे, उन्होंने इसका बहादुरी से, हिम्मत से और जैसे हमारे किसी भाई ने कहा था शान से इसका सामना किया और मुझे जरा भी सन्देह नहीं है, पूरा विश्वास है कि आगे भी यह सब शक्तियाँ यह सब गुण हमारे देश में बढ़ते रहेंगे और हम अपने रास्ते से सब रुकावटों को दूर करते हुए आगे बढ़ सकेंगे।

पाकिस्तानी फ़ौज द्वारा ढाका में किये गये आत्म–समर्पण के पश्चात् प्रधानमन्त्री श्रीमती इन्दिरा गाँधी का यह ऐतिहासिक राष्ट्र के नाम सन्देश आकाशवाणी के नयी दिल्ली केन्द्र से दिनांक 16 दिसम्बर, 1971 को प्रसारित किया गया।

ए.पी.जे. अब्दुल कलाम

राष्ट्र की सुरक्षा : एक मिशन

राष्ट्र की सुरक्षा : एक मिशन

मुझे सीमा सुरक्षा बल द्वारा आयोजित रुस्तमजी स्मारक व्याख्यानमाला में व्याख्यान देते हुए खुशी हो रही है। तकनीकी विकास को लेकर बीएसएफ के साथ काम करने का मुझे पहले कई बार मौका मिल चुका है। रुस्तमजी युद्धकला में तकनीक के प्रयोग के प्रणेता रहे और उन्होंने प्रतिरक्षा के उपक्रम में रॉकेटों के उपयोग को शुरू करने में प्रमुख भूमिका निभायी थी।

रुस्तमजी का पथप्रदर्शक कार्य

पिछले 43 वर्षों से बीएसएफ हमारी सीमाओं की सुरक्षा के कई अभियान चलाता रहा है। यह सर्वविदित है कि इस मामले में रुस्तमजी अग्रणी थे और वे भूमिका को परिभाषित करने, आपसी सहमति से लक्ष्यों के निर्धारण, अच्छे प्रदर्शन तथा परिणामों के निष्पक्ष आकलन देने की एक ठोस व्यवस्था लागू करने का बहुत ध्यान रखते थे। राष्ट्र उन्हें एक ऐसे जीवन्त संगठन की नींव रखने के लिए सलाम करता है, जिसकी ताकत 25 बटालियन से बढ़कर 157 बटालियन की हो गयी है और जिसके ऊपर पड़ोसी देशों से लगनेवाली 7000 किलोमीटर लम्बी संवेदनशील सीमा रेखा की रखवाली की जिम्मेदारी है। रुस्तमजी हमेशा यह महसूस करते थे कि दूरदराज के इलाकों में तैनात तथा देश के सम्मान की खातिर अपनी शहादत देनेवाले बीएसएफ कर्मचारियों के बच्चों की उपयुक्त देखभाल की और समुचित शिक्षा की सुविधाएँ देने की व्यवस्था की जानी चाहिए।

बीएसएफ की महत्त्वपूर्ण उपलब्धियाँ कई हैं। यह संगठन आतंकवाद को कुचलने और अलगाववाद से लड़ने तथा भारतीय सेना के साथ कन्धे से कन्धा मिलाकर काम करने में आगे रहा है। इसके अलावा बीएसएफ पंजाब, राजस्थान, गुजरात और उत्तर-पूर्व में भारत-बांग्लादेश सीमा पर बाड़ लगाने के कार्यक्रम में भी शामिल है। देश ने हाल के दिनों में जिन दो सबसे भीषण प्राकृतिक आपदाओं-

2004 में सूनामी और 2005 में कश्मीर में भूकम्प का सामना किया उनमें बीएसएफ पीड़ितों की मदद करने में अहम योगदान दिया। बीएसएफ सबसे दूरदराज के गाँवों तक सबसे पहले पहुँचा और आपदा पीड़ितों को जरूरी खाद्य सामग्री और शरणस्थल मुहैया कराया। बीएसएफ इस तरह की सामाजिक सेवाओं में और ज्यादा भाग ले। यह कई अन्य संस्थाओं के लिए एक आदर्श बनेगा।

आज मैंने जिस विषय को चर्चा के लिए चुना है उसका शीर्षक है—'राष्ट्र की सुरक्षा : एक मिशन'।

राष्ट्र की समृद्धि राष्ट्रीय सुरक्षा को बेहतर बनाने का रास्ता बनाती है। राष्ट्रीय सुरक्षा देशों के बीच और पड़ोसी क्षेत्रों में भी अमन का माहौल बनाती है। बीएसएफ का लक्ष्य राष्ट्रीय सुरक्षा को मजबूत करके राष्ट्रीय समृद्धि को बढ़ाना है।

भारत को कुछ तकनीकी क्षेत्रों में मजबूती हासिल है। अन्तरिक्ष में भारत के 11 संचार उपग्रह 211 सक्रिय ट्रांसपोंडरों के साथ मौजूद हैं। भारत एकमात्र देश है जिसके सात दूरसंवेदी उपग्रह अन्तरिक्ष में मौजूद हैं जिनमें उच्च रिजॉल्यूशनवाली तस्वीरें भेजने की क्षमता है। भारत उन चुनिन्दा देशों में है जिनके पास सूचना प्रौद्योगिकी (आईटी) तथा उससे चलनेवाली सेवाओं और ज्ञान का भंडार मौजूद है। प्रक्षेपास्त्र प्रौद्योगिकी के क्षेत्र में भारत ने विभिन्न प्रकार के प्रक्षेपास्त्रों और रॉकेटों के निर्माण की क्षमता विकसित कर ली है। मोबाइल संचार के क्षेत्र में भारत में मोबाइल फ़ोन का उपयोग करनेवालों की संख्या में हर महीने 80 लाख का इजाफ़ा हो रहा है।

2010 तक भारत में मोबाइल फ़ोन का उपयोग करनेवालों की संख्या 50 करोड़ तक पहुँच जाएगी। मैंने जिन तकनीकों का जिक्र किया है उनमें से हर एक तकनीक राष्ट्रीय सुरक्षा को मजबूत बनाने के लिए प्रासंगिक है, खास तौर से ख़ुफ़ियागीरी, निगरानी और तैनाती के काम में। बीएसएफ राष्ट्र की अनूठी मौलिक क्षमता का उपयोग करके अपनी संचालन तैयारियों को मजबूती प्रदान कर सकता है। मैं एकीकृत सीमा प्रबन्धन व्यवस्था बनाने का भी सुझाव दूँगा।

एकीकृत सीमा प्रबन्धन व्यवस्था

यह व्यवस्था परिस्थिति के बारे में जागरूक करती है और असली वक्त पर कार्रवाई को सुगम बनाती है। यह पूरी सीमा पर नेटवर्क से जुड़े तरह-तरह के सेंसरों को स्थापित करके हासिल किया जा सकता है। ये सेंसर सीमा पर हलचलों या कम्पनी का पता लगाने के लिए लगाये जा सकते हैं। इन्फ्रा रेड कैमरे और उपग्रह से जुड़े सेंसर सीमा पर अहम ठिकानों पर लगाये जाते हैं। हलचलों का पता लगानेवाले सेंसर मूलत: रडार किस्म के होते हैं और डॉपलर प्रभाव से काम करते हैं। भूमिगत कम्पन सेंसर भूकम्पीय संकेतों का पता लगाकर काम करते हैं। इन्फ्रा रेड और दिन

की रोशनी में काम करनेवाले कैमरे पहचान कराने के मामले में चुस्त होते हैं और केवल बदलावों को ही रेखांकित करते हैं। तस्वीरों को अगर सुरक्षित रखना हो तो वे मेमरी स्पेस की काफी बचत करते हैं। इन सेंसरों के प्रभावी कामकाज में जो चीज महत्त्वपूर्ण है वह है नेटवर्क से इनका जुड़ाव, जो कि मूल्यवान चीज है।

उदाहरण के लिए, बीएसएफ हाल में प्रक्षेपित कार्टोसैट-2 ए उपग्रह का उपयोग कर सकता है, जिसे इसरो ने तैयार किया है ताकि एक मीटर जगह के ऊँचे रिजॉल्यूशन से बेहतर की दृश्य केन्द्रित छवियों को हासिल किया जा सके। यह उपग्रह किसी खास जगह के चित्र हर चार दिन पर एक बार भेज सकता है, ताकि सन्दिग्ध वाहनों, लोगों के समूहों की हचलचों में बदलावों, असामान्य निर्माणों, घुसपैठों आदि का पता चल सके। ऐसी हाइटेक, तेज व्यवस्था बीएसएफ को मुश्किल तथा जटिल मिशनों की योजना बनाने तथा उन्हें सटीक ढंग से और कम नुकसान दर पर पूरा करने में मदद करेगी। बीएसएफ कार्टोसैट-2 ए उपग्रह से कुछ तस्वीरों को हासिल करने के लिए इसरो के साथ मिलकर एक नियन्त्रण केन्द्र की स्थापना कर सकता है।

आईबीएमएस का दूसरा तत्त्व है कम्प्यूटरों की मदद से हासिल की गयी प्रक्रिया, विशाल डाटा भंडार के साथ शक्तिशाली एप्लिकेशन सॉफ्टवेयर। इसके साथ, सेंसरों से जुड़ी हाइबैंडविथ कनेक्टिविटी वह मंच मुहैया कराती है जिसकी मदद से सेंसरों द्वारा उपलब्ध सूचना का सटीक विश्लेषण किया जा सकता है। आईबीएमएस की असली विशेषता फील्ड कमांडरों को असली मौके पर उपयुक्त कार्रवाई करने के लिए खुफिया जानकारी प्रेषित करना है।

सीमा को सुरक्षित करने के लिए इसके अलावा निम्नलिखित सुझाव भी दिए जा रहे हैं—

1. बीएसएफ को सेंसरों, हथियारों और आइबीएमएस द्वारा चिह्नित लक्ष्यों को नाकाम करने की व्यवस्था उपलब्ध कराके आधुनिक बनाया जाय।
2. एक त्वरित कार्रवाई बल तैयार किया जाय, जिसे जरूरी सेंसरों तथा हथियारों के साथ संघर्ष क्षेत्र में तुरन्त तैनात किया जा सके।

विस्तृत राष्ट्रीय सुरक्षा

अब मैं विस्तृत राष्ट्रीय सुरक्षा को लेकर अपने विचारों को प्रस्तुत करना चाहूँगा :

लोग मिलजुल कर राष्ट्रीय प्रगति के लिए काम कर सकें, इसके लिए पूरे देश में शान्ति तथा सौहार्दपूर्ण माहौल जरूरी है। लेकिन हमारी शान्ति को भौगोलिक सीमाओं के पार से निर्यातित आतंकवाद तथा हिंसा के कारण और तेजी से घटते प्राकृतिक संसाधनों के कारण पैदा हो रहे अभावों के कारण चुनौतियाँ पेश हो रही हैं।

इन चुनौतियों का तकाजा है कि सुरक्षा की व्यापक, समेकित व्यवस्था बनाने के लिए विशेष कदम उठाए जाएँ। इस सुरक्षा के तीन प्रमुख तत्त्व होंगे—भौगोलिक सुरक्षा, आन्तरिक सुरक्षा और आर्थिक सुरक्षा।

अब मैं सुरक्षा के उस महत्त्वपूर्ण पहलू की बात करूँगा, जिसकी ओर पूरे देश और दुनिया का ध्यान केन्द्रित हो रहा है। दूसरे के कन्धे पर बन्दूक रखकर लड़े जा रहे युद्ध और आतंकवाद का निरन्तर बढ़ता खतरा राष्ट्र जीवन के लिए एक सिरदर्द बन चुका है। यह युद्ध का नया चेहरा बन गया है। यह हम सब के लिए भारी चिन्ता का विषय है। इसलिए, इस चुनौती का हम कैसे सामना कर सकते हैं और इस खतरे को कैसे दूर कर सकते हैं, इस बारे में अपने विचार मैं आपके सामने रखना चाहता हूँ।

राज्य के स्तर पर, सबसे बुनियादी जरूरत है ज्यादा प्रभावी समन्वित निर्णय क्षमता की। व्यक्तिगत स्तर पर, जरूरत है इन चीजों की पारम्परिक मूल्यों के प्रति अधिक सम्मान की, सामाजिक जिम्मेदारियों की जिसमें परिवार तथा शिक्षकों के प्रति प्यार और आदर, पड़ोस तथा समुदाय के प्रति सेवाभाव शामिल है। सबके ऊपर, एक कौम, व्यक्तियों और खासकर संस्थाओं के तौर पर जरूरत है एक-दूसरे के साथ सहयेाग करने की, जिससे हमारा कामकाज और हमारे निजी सम्बन्ध सुधरें। कानून, पुलिस, खुफिया एजेंसी और न्याय व्यवस्था के रूप में हमारे पास बुनियादी ढाँचा तो उपलब्ध है ही, उन्हें एक आचार संहिता के तहत सुधारते हुए मजबूत करने की जरूरत है। हर नागरिक, हर समूह, हर धर्म और हर राजनीतिक तथा कार्यपालक को यह देखना होगा कि कानून को बिना हस्तक्षेप अपना काम करने की छूट दी जाए।

चुनौतियों से लड़ने के लिए मुख्यत: दो व्यापक क्षेत्रों पर विचार करूँगा—1. शान्ति के साथ विकास के जरिये आर्थिक सुरक्षा 2. नागरिकों की सुरक्षा, जिससे विस्तृत राष्ट्रीय सुरक्षा हो।

तीव्र विकास को शान्ति मिशनों के साथ जोड़ा जाना चाहिए। ऐसे मिशनों के चार तत्त्व होंगे—अन्तरराष्ट्रीय सीमाओं और नियन्त्रण रेखा के पास आर्थिक क्षेत्र; कठिन क्षेत्रों में सामाजिक विकास; आतंकवाद के खात्मे के लिए राष्ट्रीय स्तर का आन्दोलन; और नागरिकों की सुरक्षा।

वर्तमान में, अन्तरराष्ट्रीय सीमाओं और नियन्त्रण रेखा के करीब के क्षेत्रों का उपयोग आर्थिक गतिविधियों के लिए नहीं किया जाता। सरकार ऐसे क्षेत्रों में उपलब्ध जमीन पर जनता की भागीदारी से आर्थिक गतिविधियों को बढ़ावा देने पर विचार कर सकती है। सीमावर्ती क्षेत्रों की आर्थिक सुरक्षा इन क्षेत्रों की भौगोलिक सुरक्षा में सहायक बन सकती है।

सीमावर्ती कठिन क्षेत्रों में हमारे सामाजिक कार्य करनेवाले लोगों को शिक्षा, खेलकूद और स्वास्थ्य सेवाओं से जुड़े संस्थान शुरू करने में सहायता की जा सकती है। ज्ञान को बढ़ावा देने की प्रक्रिया से शिक्षा का माहौल बनेगा जिसके कारण, अपने आप को समझने और ज्ञान से परे जाकर कुछ सम्भावनाओं की तलाश की प्रक्रिया से स्वत: एक मनोवैज्ञानिक क्रान्ति हो सकती है। इससे मानव सम्बन्धों और पूरे समाज की एकदम भिन्न अलग व्यवस्था बनेगी। इस प्रक्रिया की समझदारी ही मनुष्य की चेतना में गहरा परिवर्तन ला सकती है।

प्रिय मित्रो, अब मैं इस महत्त्वपूर्ण पहलू पर विचार करूँगा कि हम अपने नागरिकों में सुरक्षा का अहसास कैसे पैदा कर सकते हैं। देश में दो दशक से ज्यादा समय से वहशी किस्म की हिंसक वारदातें हो रही हैं और यह सब निरन्तर बढ़ती ही जा रही हैं। सरकार, सांसद, विधायक इस पर काफी चिन्ता जाहिर करते हैं और नागरिकों की सुरक्षा के मसले को लेकर आतंकवाद के तमाम रूपों को खत्म करने के उपायों पर विचार कर रहे हैं। यह राष्ट्रीय चिन्ता का विषय है। हमें इस मामले में निजी मतभेदों से आगे बढ़कर एकता की भावना से इसे सुलझाना चाहिए। इसे एक मिशन की तरह चलाया जाय, यह वक्त का तकाजा है। यहाँ मैं कार्ययोजना प्रस्तुत कर रहा हूँ।

मेरे ख्याल से वक्त आ गया है कि हम आतंकवादी गतिविधियों का पूर्वानुमान लगाने और उनसे निबटने के काम में अपनी तमाम एजेंसियों को एकजुट करके सक्रिय करें। हमें राष्ट्रीय आतंकवाद उन्मूलन अभियान (एनसीईटी) तैयार करने की जरूरत है, जिसका प्रबन्धकीय ढाँचा इस अभियान के प्रति समर्पित हो और जिसमें जनता की भागीदारी हो। इस बात को स्वीकार किया गया है कि आतंकवाद बिना योजना के नहीं चलता। इसके सूत्र किसी मास्टर प्लान से जुड़े हो सकते हैं जिसके तार वैश्विक स्तर पर घरों से लेकर होटलों और गेस्ट हाउसों तक फैले हो सकते हैं।

अपेक्षित नतीजे हासिल करने के लिए एनसीईटी राज्यों तथा केन्द्र के स्तर पर खुफिया तथा सुरक्षा तन्त्र को साथ मिलकर काम करने में मददगार बनेगा। एनसीईटी एक सतर्क तथा गतिशील अभियान होगा, जो होटलों तथा घरों को शरणस्थल के तौर पर इस्तेमाल करने से आतंकवादियों और उग्रवादियों को रोकेगा। हमें एक ऐसा सुरक्षित माहौल बनाना होगा कि जो लोग शान्ति अभियान में भाग लेना चाहें वे खुद को सुरक्षित महसूस करें। तभी लोग खुद को तथा अपने पड़ोस को सुरक्षा प्रदान करने के महत्त्वपूर्ण काम में भाग ले सकेंगे। यह चुनौती खासकर उन क्षेत्रों में ज्यादा कठिन है, जहाँ रिहायशी इलाकों, होटलों आदि में आबादी की आवाजाही होती रहती है, जिनका अनजाने में गलत इस्तेमाल किया जा सकता है।

केन्द्र राष्ट्रीय पहचानपत्र शुरू करने पर विचार कर सकता है। वह सरकारों के

बीच, सरकार और नागरिकों के बीच, व्यापार के साथ व्यापार के बीच, व्यापार के साथ नागरिकों के बीच के कार्य-व्यापार को समयबद्ध तरीके से पूरा करने के लिए एक राष्ट्रीय ई-गवर्नेंस ग्रिड का निर्माण कर सकती है। बैंकों में असामान्य किस्म के लेनदेन पर निगरानी रखने के लिए एक विशेष कार्यविधि तैयार करना बहुत जरूरी है।

इस तरह की गड़बड़ियों का तुरन्त पता लगाने के लिए डाटा की जाँच-पड़ताल आज कम्प्यूटराइज़्ड बैंकिंग और संचार व्यवस्था के कारण आसान हो गयी है। न्यायपालिका को आतंकवाद से जुड़े मामलों के निबटारे के लिए तीव्र न्यायिक प्रक्रिया के निर्माण पर विचार करना चाहिए। सीमा सुरक्षा बल अपने व्यापक अनुभवों के कारण सीमाओं की सुरक्षा के अलावा एनसीईटी को मूल्यवान सुझाव दे सकता है।

प्रिय मित्रो, मैं सन् 2020 के भारतीय को जिसके लिए सुरक्षित माहौल एक आवश्यक शर्त है—किस रूप में देखता हूँ, इसका खाका पेश करना चाहता हूँ।

सन् 2020 तक भारत का क्या रूप उभेरगा, उसकी एक कल्पना पेश करता हूँ—

वह एक ऐसा राष्ट्र होगा

1. जहाँ ग्रामीण और शहरी भारत में फर्क बहुत बारीक रह जाएगा।
2. जहाँ ऊर्जा और पानी का समान वितरण और पर्याप्त उपलब्धता होगी।
3. जहाँ कृषि, उद्योग और सेवा क्षेत्र आपस में तालमेल के साथ काम करेंगे।
4. जहाँ मूल्य-व्यवस्था आधारित शिक्षा से किसी भी योग्य प्रत्याशी को सामाजिक या आर्थिक भेदभाव के आधार पर वंचित नहीं किया जाएगा।
5. जो सबसे प्रतिभाशाली विद्वानों, वैज्ञानिकों, निवेशकों का सर्वोत्तम ठिकाना होगा।
6. जहाँ सर्वोत्तम स्वास्थ्य सेवा उपलब्ध होगी।
7. जहाँ शासन जवाबदेह, पारदर्शी और भ्रष्टाचार मुक्त होगा।
8. जहाँ गरीबी पूरी तरह मिटाई जा चुकी होगी, निरक्षरता दूर की जा चुकी होगी और महिलाओं तथा बच्चों के खिलाफ अपराध खत्म हो चुका होगा और समाज में कोई भी खुद को अलग-थलग नहीं महसूस कर रहा होगा।
9. जो समृद्ध, स्वस्थ, शान्तिपूर्ण और खुशहाल होगा और टिकाऊ विकास के पथ पर अग्रसर होगा।
10. जो रिहाइश के लिए सर्वश्रेष्ठ स्थान होगा और अपने नेतृत्व पर गर्व करता होगा।

विकसित भारत के लिए समन्वित कदम

भारत की विशिष्ट छवि के लिए उसे एक विकसित राष्ट्र में बदलने का मिशन हमारे पास है। हमने ऐसे पाँच क्षेत्रों की पहचान की है जिनमें समन्वित कार्रवाई करने की क्षमता भारत में है—1. कृषि एवं खाद्य प्रसंस्करण; 2. शिक्षा एवं स्वास्थ्य सेवा; 3. सूचना एवं संचार तकनीक; 4. बुनियादी ढाँचा : विश्वसनीय और उत्तम बिजली, भूतल परिवहन, और देश के हरेक हिस्से के लिए बुनियादी सुविधाएँ; 5. निर्णायक तकनीक में आत्मनिर्भरता। ये पाँचों क्षेत्र आपस में जुड़े हैं और इनमें समन्वय के साथ आगे बढ़ा जाए तो खाद्य-आर्थिक-राष्ट्रीय सुरक्षा हासिल हो सकती है। गरीबी, राजनीतिक अस्थिरता, और कट्टरवाद प्रेरित आन्दोलन ये सब अपने-अपने में और साथ मिलकर सीमा पर गड़बड़ियों का कारण बनते हैं। अब मैं चर्चा करना चाहूँगा कि सीमावर्ती क्षेत्रों में 'पीयूआरए' (पुरा) परिसर के निर्माण से आर्थिक विकास करके किस तरह समृद्धि लायी जा सकती है जिससे अलगाववादी गतिविधियों पर विराम लग सकता है।

सीमा 'पुरा' परिसर

बीएसएफ के वरिष्ठ अधिकारियों के साथ विचार-विमर्श के बाद मैंने पाया कि जीरो लाइन से लेकर सीमा पर बाड़ करीब 150 मीटर की दूरी पर लगायी गयी है। कुछ इलाकों में भौगोलिक हालात को देखकर दूरी ज्यादा हो सकती है। यह क्षेत्र आम तौर पर खाली रहता है, केवल सीमा पर रहनेवाले कुछ लोग वहाँ थोड़ी खेतीबाड़ी करते हैं। मेरा सुझाव है कि उस क्षेत्र में सीमारेखा से लेकर बाड़ के बीच की जमीन की उर्वरता को देखकर जटरोफा या किसी उपयुक्त पौधे की सघन खेती की जा सकती है। बाड़ के इधर अपने क्षेत्र में हम निम्नलिखित तरीके से सीमा 'पुरा' का निर्माण कर सकते हैं—

'पुरा' यानी ग्रामीण क्षेत्र में शहरी सुविधाएँ

सीमावर्ती क्षेत्र में जो समन्वित तरीके समृद्धि ला सकते हैं वे हैं—सीमा क्षेत्र के गाँवों के बीच सड़कों तथा परिवहन के जरिये सम्पर्क; उच्च बैंडविथ फाइबर ऑप्टिक केबलों के द्वारा उन्हें शहरों से दूरसंचार के जरिये इंटरनेट खोखे लगाकर इलेक्ट्रॉनिक तौर पर जोड़ना; बच्चों के लिए शिक्षा, किसानों-कारीगरों-शिल्पकारों को रोजगार से जुड़ा प्रशिक्षण देकर ज्ञान के जरिये जोड़ना। इन जुड़ावों के कारण आर्थिक जुड़ाव बन सकता है, जिसमें बैंकों, माइक्रो ऋण और अपने उत्पादों के लिए पड़ोसी शहरों में बाजार उपलब्ध करवा के रोजगार के अवसर पैदा किये जा सकते हैं।

सीमावर्ती क्षेत्र के ग्रामीण समुदाय को चल विद्यालयों के जरिये शिक्षा, चल

क्लिनिकों के जरिये स्वास्थ्य सुविधाएँ मुहैया कराई जा सकती हैं। गाँवों में कौशल और लघु उद्योगों से उत्पादों तथा सेवाओं की उपलब्धता की सूचनाएँ पड़ोसी और दूर के 'पुराओं' के लिए भी उपयोगी होंगी, जहाँ ऐसे कौशल का अभाव है। अगर हम सीमावर्ती क्षेत्रों में 'पुरा' बनाते हैं, तो लोग आर्थिक गतिविधियों में व्यस्त होंगे और वह क्षेत्र सीमावर्ती ग्रामीण क्षेत्र में विभिन्न सामाजिक तथा आर्थिक गतिविधियों के लिए चिह्नित हो जाएगा। इससे लोगों के बीच खुद-ब-खुद एक व्यवस्था का निर्माण होगा। इस परिसर के लोग वहाँ आनेवाले किसी भी नये चेहरे को तुरन्त पहचान जाएँगे और समय पर उपयुक्त कार्रवाई करेंगे। मेरे ख्याल से मोबाइल फ़ोन, आइसीटी और अन्तरिक्ष आधारित व्यवस्थाओं का पूरा उपयोग करके पूरे सीमा क्षेत्र को आपस में जोड़ा जाना चाहिए और उसका आर्थिक चेहरा बदलकर उसे राष्ट्र की मुख्यधारा में लाया जाना बेहद जरूरी है। बीएसएफ अगर सीमावर्ती क्षेत्रों के जिला स्तरीय अधिकारियों और नागरिकों के सहयोग से इस मिशन को पूरा करता है तो सीमाओं की सुरक्षा में महत्त्वपूर्ण सुधार किया जा सकता है। चूँकि 'पुरा' के निवासी इस सुरक्षा व्यवस्था के हिस्से बनेंगे, उन्हें जरूरत के समय रोकथाम की उपयुक्त कार्रवाई करने में सक्षम बनाया जा सकता है।

मेरा सुझाव है कि बीएसएफ प्रयोग के तौर पर दो 'पुरा' परिसरों का निर्माण करे—एक पूरब के क्षेत्र में और दूसरा पश्चिम के क्षेत्र में। इसमें सीमा पर के 10 किलोमीटर क्षेत्र को शामिल किया जा सकता है ताकि 30-40 गाँवों की 30 हजार से लेकर साढ़े तीन लाख तक आबादी को कवर किया जा सके। इन दो सीमा 'पुराओं' के अनुभवों के आधार पर दूसरे सीमावर्ती क्षेत्रों में भी विकास का काम किया जा सकता है।

सीमा सुरक्षा बल एक महत्त्वपूर्ण मिशन में लगा है। जब हम रातों में सो रहे होते हैं, बीएसएफ के लोग पूरे समय जागते रहते हैं ताकि सीमाएँ सुरक्षित रहें, ताकि देश विकास के कार्यों में जुटा रहे। मैं आपको भरोसा दिला सकता हूँ कि आप अरबों लोगों के दिल-दिमाग में बसते हैं। हम आपके पेशेवर कौशल, आपकी प्रतिबद्धता, आपके समर्पण को नमन करते हैं। अपने उत्साह से आप पूरे राष्ट्र में आशा का संचार कर सकते हैं। आप जिस तरह अनुशासन, चुस्ती और सख्ती के साथ काम करते हैं उसके कारण आप एक ऐसी ताकत बन चुके हैं जिसे चुनौती देना आसान नहीं है। आप युवकों में एक विकसित भारत के निर्माण के लिए एकजुट होकर त्याग करने की प्रेरणा के स्रोत हैं।

धन्यवाद।

सीमा सुरक्षा बल द्वारा आयोजित यह महत्त्वपूर्ण भाषण रुस्तमजी स्मारक व्याख्यानमाला में19 मई 2008 को दिया गया।

हरिशंकर परसाई
भीतरी मोर्चे पर खतरनाक इशारे

ऐतिहासिक महत्त्व का यह पत्र ज्ञानोदय के 1965 में प्रकाशित युद्ध विशेषांक के लिए परसाई जी ने तत्कालीन सम्पादक रमेश बक्षी को लिखा था।

युद्धोत्साह और युद्धोन्माद में फर्क है। युद्धोन्माद आदमी को पशु बनाता है। चीनी हमले की उत्तेजना के बीच भी पंडित नेहरू ने जोर देकर कहा था कि किसी भी हालत में हम पशु नहीं बनेंगे। अपनी दीर्घ सांस्कृतिक परम्पराओं के कारण तथा स्वतन्त्र राष्ट्र के रूप में पिछले 18 वर्षों के लोकतान्त्रिक संस्कारों के कारण हमारा उत्साह उन्माद नहीं बना। पाकिस्तान ने अठारह वर्षों में लगातार युद्धोन्माद बढ़ाया है और अपने लोगों को पशु बनाने की कोशिश की है। उसका योद्धा अस्पताल पर बम गिरा देता है, हमारा योद्धा ऐसा नहीं करता। एक बार युद्धोन्माद पैदा करने के बाद चौतरफा नफरत पैदा किये बिना शासन सत्ता कायम नहीं रह सकती। चीनी, हिन्देशियाई और पाकिस्तान के शासक आत्म-रक्षा के लिए भी उन्माद और नफरत पर निर्भर हैं।

अपने देश में भी युद्धोत्साह को युद्धोन्माद बनाने की कोशिश बराबर हो रही है। जाने-अनजाने, बुद्धिजीवी-वर्ग का एक हिस्सा भी इसमें योग दे रहा है। देशभक्त का अविचारी और अविवेकी होना जरूरी नहीं है। मगर बहुत लोग ऐसे हैं जो शुद्ध देशभक्ति में विचार और विवेक की मिलावट नहीं होने देते। बहुत से कवि और लेखक हैं, जो अन्धोन्माद को ही देशभक्ति समझने लगे हैं। जनता की ऐसी मन:स्थिति खतरनाक होती है। उसके मानस पर आक्रामक संकीर्ण राष्ट्रीयता और कब्जा कर लेगी और असाम्प्रदायिक लोकतन्त्र को समाप्त करने की कोशिश भी हो सकती है। उभार पर आया उन्माद हमें 'फासिज़्म' के चुंगल में भी फँसा सकता है।

पाकिस्तान से हुई लड़ाई में सचमुच देश का पुनर्जन्म हुआ है। खोया आत्मविश्वास पुन: प्राप्त हो गया। दुनिया को भी यह समझ में आ गया कि हम लड़ने पर मजबूर किये जाएँ, तो अच्छा लड़ भी लेते हैं। हमारी नीतियों की परीक्षा भी हो गयी और वे सही सिद्ध हुईं। पर अखंड एकता, सौम्य साहस और विश्वासमयी

उदारता जो पिछले दिनों देखने में आयी—उसे विजय की मन:स्थिति के सन्दर्भ में ही देखना चाहिए। लम्बी लड़ाई में किसी मोर्चे पर हमारी हार भी हो सकती है, हम कहीं पीछे भी हट सकते हैं। एकता, उत्साह और संयम की परीक्षा ऐसे ही मौके पर होती है। इस वक्त तो जनता कोई गड़बड़ बरदाश्त करने के 'मूड' में नहीं है मगर किसी आकस्मिक हार के क्षण में भी क्या यही स्थिति रहेगी?

नारों के दम पर चलने से काम नहीं होगा। जो अपने को 'बुद्धिजीवी' कहते हैं, उन्हें जरा नारों से हटकर सोचना चाहिए। क्या एकता को तोड़ने की कोशिश नहीं हो रही है? खूब हो रही है और संगठित ढंग से हो रही है। रोज ये जो अफवाहें फैलती हैं, ये किसी गैर-जिम्मेदार बेवकूफ के दिमाग की कल्पना नहीं है। ये अफवाहें किसी केन्द्र से संचालित हो रही हैं और सब जगह एक साथ फैल रही है। एक ही अफवाह दिल्ली, आगरा, प्रयाग और जबलपुर में सुनी जाती है। इन सारी अफवाहों का उद्देश्य है साम्प्रदायिक उन्माद पैदा करना। इनका उद्देश्य है जनता के मन में यह बात पक्की तरह जमाना कि धर्म और नस्ल ही राष्ट्रीयता तय करते हैं। जो भिन्न धर्म को मानते हैं वे राष्ट्रविरोधी हैं। इन अफवाहों में भारत के एक सम्मानित पद पर प्रतिष्ठित अल्पसंख्यक वर्ग के व्यक्ति को देशद्रोही बताया जाता है। उनके पुत्र, भतीजे और दामाद के नाम से अफवाहें फैलायी जाती हैं। इन अफवाहों के मुताबिक उनके पाँच दामाद अभी तक पाकिस्तान की जासूसी करते पकड़े जा चुके, दो भतीजे मारे जा चुके और लड़का तो पाकिस्तान जा ही चुका है। ये बातें हर शहर में फैली हैं और एक अफवाह के मुताबिक भारत के लगभग हर बड़े शहर में जलाशय में ज़हर डालने की कोशिश एक सम्प्रदाय के लोग कर चुके हैं। इस अफवाह को आप प्रयाग में जबलपुर के वाटर-वर्क्स के बारे में सुन लीजिए और जबलपुर में पूना के वाटर-वर्क्स के बारे में। कला एक ही है—दो आदमी और एक औरत रात को ताँगेवाले से वाटर-वर्क्स ले चलने के लिए कहने लगे। उन्होंने जब उसे 25 रुपये देने के लिए कहा तो उसे शक हुआ क्योंकि वहाँ का रेट 2 या 3 रुपये ही है। वह उन्हें बिठाकर पुलिस-थाने ले गया। वहाँ तलाशी में उनके पास दो सेर ज़हर मिला। हर शहर में वे ताँगेवाले को 25 ही दे रहे थे और हर शहर में उन्हें ताँगेवाले ने पकड़वाया। यह एकरूपता यों ही उड़ी हुई अफवाह से नहीं आती। यह किसी सुसंगठित और सुसंचालित एजेंसी के द्वारा फैलायी जाती है। इसी एजेंसी के द्वारा रोज ये अफवाहें भी फैलती हैं जिनके अनुसार एक सम्प्रदाय का आदमी या औरत बम या हथगोला लिये पुल, बिजलीघर या रेलवे स्टेशन के पास पाया गया। यह भ्रम है कि इन अफवाहों को कोई नहीं मानता। बहुत लोग मानते हैं। इनका असर भी पड़ता है। इनका खंडन करने और जनमानस की शिक्षित करने जनता के बीच कोई नहीं जाते। सब प्रेस या मंच से बात करते हैं और ताली पिटवाकर और नारे

लगवाकर समझते हैं कि सब ठीक चल रहा है। कोई इस सत्य का सामना नहीं करना चाहता कि किसी पस्ती के क्षण में ये चीजें सारे देश में आग लगा देने में सफल हो सकती हैं।

भारत-पाक संघर्ष को हिन्दू-मुस्लिम संघर्ष बना देने की ये कोशिशें है। मुहम्मद करीम छागला और मीर क़ासिम अपना मामला राष्ट्रसंघ में लड़ते रहें, पाकिस्तानी हमले का सामना ग़ुलाम मुहम्मद सादिक़ करता रहे और अब्दुल हमीद 'परमवीर चक्र' पा जाए—पर ये भारतीय फ़ासिस्ट राष्ट्रीयता को धर्म से अलग नहीं कर सकते। पाकिस्तान तो फ़ासिस्ट हो गया। वह इस्लामी फ़ासिज्म का निर्माण करने में लगा ही हुआ है। कुछ मुस्लिम देश उसका साथ दे भी रहे हैं। इधर भारत का पाकिस्तान से ज्यों-ज्यों संघर्ष तीव्र होता है त्यों-त्यों भारत में फ़ासिस्ट ताकतें बढ़ती हैं और जनता में अपनी जगह भी बनाती जाती हैं। आगे चलकर पाकिस्तान की ओर अपने इधर की फ़ासिस्ट ताकतें एक भी हो सकती हैं और देश की सारी प्रजातान्त्रिक संस्थाओं को समाप्त कर सकती हैं। लोकतन्त्र के लिए यह एक बड़ा खतरा पैदा हो रहा है।

इस लड़ाई में एक बात और ध्यान देने की है। कुछ लोग सेनाध्यक्षों की जय बोल रहे हैं और मन्त्रिमंडल को नीचे गिरा रहे हैं। प्रचार किया जा रहा है कि सेना के जनरलों के दबाव और नेतृत्व के कारण ही हमारी सेना ने पाकिस्तान को मात दी। वरना इस सरकार में तो दम ही नहीं थी। इस तरह यह बताया जा रहा है कि राजनैतिक निर्णय भी जनरल ले रहे हैं और लोकतन्त्रीय सरकार निकम्मी है। सेना के प्रति आदर और कृतज्ञता होते हुए भी यह प्रचार बहुत खतरनाक है। प्रजातन्त्र में सेना निर्वाचित सरकार के अधीन होती है। राष्ट्रपति सेनाओं के कमांडर-इन-चीफ हैं और वे मन्त्रिमंडल की सिफारिश से ही कार्य करते हैं। मगर जनता के मन में यह बात चतुराई से भरी जा रही है कि प्रजातान्त्रिक शासन देश की रक्षा करने में सक्षम नहीं है, वह हमेशा फ़ौज को लड़ने से रोकता रहा। मगर इस बार फ़ौज ने राजनीतिक निर्णय भी मन्त्रिमंडल पर थोपा और देखो, कैसा अच्छा हुआ। पाकिस्तान की करारी हार हुई, देश की नाक ऊँची हुई। बहुत चतुराई से सैन्यवाद का प्रचार हो रहा है और प्रजातान्त्रिक सत्ता की प्रतिमा खंडित की जा रही है!

यह सब आकस्मिक नहीं है। इसके पीछे सुनियोजित षड्यन्त्र है। युद्धोन्माद पैदा करना और कहना कि हम लाहौर और रावलपिंडी पर झंडा गाड़कर रहेंगे, फिर जनमानस को फ़ासिस्ट रास्ते पर ले जाना और सेना को लोकतान्त्रिक सत्ता के ऊपर बताना—ये अशुभ लक्षण हैं।

जो ऊपर-ऊपर रहते हैं, वे शायद इन चीजों का सही अन्दाज नहीं लगा सकते। वे जन-जीवन के सच्चे सम्पर्क में नहीं हैं। इनकी भयावहता वही समझते हैं

जो जनता के सीधे सम्पर्क में हैं। जो इन प्रवृत्तियों की अवहेलना करते हैं और मात्र देशभक्ति के नारों और गीतों से सन्तोष कर ले रहे हैं, वे धोखे में जी रहे हैं।

सवाल है—क्या बुद्धिजीवी वर्ग इस तरफ से सचेत नहीं है? अगर है, तो वह क्या कह रहा है? फासिज़्म के पहले शिकार लेखक, कलाकार और बुद्धिवादी होते हैं—वह चाहे जर्मन फासिज़्म हो या चीनी या पाकिस्तानी। क्या उन्हें आत्मरक्षा की फिक्र नहीं है? मुझे लगता है, हममें से बहुतेरे जन-जीवन के सही सम्पर्क में न होने के कारण इस चीज को समझ ही नहीं पा रहे हैं। समझते भी हैं तो इसका सामना करने की जिम्मेदारी राजनीतिक लोगों की ही समझते हैं। शायद हम भी बहे जा रहे हैं। शायद हम लिखने की मेज से उठकर सड़क पर आने में झिझकते हैं। हम जनता को सिर्फ प्रेरणा देने का ही अपना काम समझते हैं उसे शिक्षित करने की कोई जिम्मेदारी महसूस नहीं करते। हम अभी भी किसी 'भीतरी' युद्ध में उलझे रहने का ढोंग कर रहे हैं और बाहर निकलने में हिचकते हैं। हममें से कुछ के लिए अभी भी बाहर कुछ नहीं हो रहा है, सब अपने भीतर ही हो रहा है। अहंकार के घोंघे को तोड़कर बाहर निकलकर जनता से एकाकार होने में हमें अभी झेंप लगती है। सबसे चेतनासम्पन्न हमारे इस वर्ग की इस बेखबरी को माफ नहीं किया जाएगा।

मोर्चों पर हमारी जीत हो रही है। एक आत्म-सम्मानपूर्ण ताकतवर राष्ट्र के रूप में हमारी प्रतिष्ठा बनी है। हममें विश्वास भी बहुत पैदा हुआ है। लेकिन हमारी विजय को हार में परिणत कर देनेवाली ताकतें भी देश के भीतर सक्रिय हैं। वे हमारी सारी उपलब्धियों को नष्ट कर देना चाहती हैं। इस भीतरी मोर्चे पर ध्यान देना भी जरूरी है।

अग्निशेखर

युद्ध की आशंका और सरहद का त्रासद जीवन

प्रिय लीलाधर मंडलोई,

आपने 'नया ज्ञानोदय' के प्रस्तावित 'सरहद विशेषांक' के लिए विश्व पुस्तक मेले में जिस दिन मुझसे इस निमित्त रचनात्मक सहयोग माँगा, मैं तब से बराबर इस ज्वलन्त विषय से जुड़ी लगभग तमाम त्रासदियों और विभीषिकाओं से भीतर-भीतर जूझ रहा हूँ। मनुष्य की विजगीषु वृत्ति, उसकी महत्त्वाकांक्षा, लोभ, कुंठा, असुरक्षा जैसी उसकी भावना, दूसरों के बरक्स अपने को या अपने वर्ण, समाज, जाति, धर्म, देश, संस्कृति, सभ्यता आदि को श्रेष्ठ जतलाने और मनवाने के कुत्सित प्रयास, उन्हें अधीन करने के अभियान आदि से सरहदें जुड़ी हैं। देखा जाए तो शुरू से ही मनुष्य ने जहाँ अपनी भौगोलिक सरहदों का विस्तार किया है वहीं उसने अपने को सीमित, संकुचित और विभाजित भी किया है। देशों की स्वतन्त्रता, सम्प्रभुता और सीमान्तों से सटे प्रान्तों के जन-जीवन, उसकी क्षेत्र-सम्पदा, सुख-शान्ति हमेशा सीमाओं पर मंडरा रहे खतरों या उनकी सुरक्षा के नाम पर हुए युद्धों की भेंट चढ़ती रही हैं। ऐसी विभीषिकाओं की स्मृतियों से, चाहे वे सुदूर अतीत की ही क्यों न हों, मुक्त कहाँ हुआ जाता है! किसी न किसी रूप से सीमाओं से सम्बन्धित ऐसी कितनी ही मर्मस्पर्शी और लोमहर्षक कहानियाँ हैं जो आज भी हवा में तैरती हुई आकर हम तक पहुँचती हैं।

हम अपने देश के इतिहास में ज्यादा पीछे न भी जाएँ तो भी विभाजन पूर्व अँग्रेजों के शासनकाल से ही उत्तर-पश्चिमी सीमा प्रान्त कई दृष्टियों से संवेदनशील रहा है। दुर्भाग्य से देश-विभाजन के समय सब कुछ साझा होने के बावजूद जिस तरह हमारा देश बँटा, लोग बँटे, विश्वास, संस्कृतियाँ और भाषाएँ बँटीं, वो कितना अवांछित और अप्राकृतिक था। नयी सरहदें बनीं। खून की लकीरें खिंचीं। ये सरहदें भौतिक रूप से भौगोलिक विभाजन-रेखाएँ मात्र नहीं हैं, जिन्हें वैधानिक और अन्तरराष्ट्रीय मान्यता प्राप्त है बल्कि ये हमारी पारम्परिक साझा जन-संस्कृति की अजर-अमर आत्मा पर वीभत्स राजनीति की खरोंचें हैं। साम्प्रदायिक और साम्राज्यवादी

ताकतों का खूनी रेखांकन। त्रासद प्रतीक। उस भयावह दौर में सरहद के दोनों तरफ लाखों बेगुनाहों के जन-संहार और महा-विस्थापन के गहरे घावों की अमानवीय गाथा।

यों तो अपने देश की सीमाएँ बांग्लादेश, म्यांमार, चीन और पाकिस्तान से सटी हुई हैं। इसलिए इन देशों के साथ लगनेवाली सीमाएँ सामरिक दृष्टि से अत्यन्त संवेदनशील हैं। विगत दो दशकों से सरहद पार से घुसपैठ तो हमारे लिए रोजमर्रा की सच्चाई बन गयी है। आये दिन क्रॉस-फायरिंग, मोर्टार गनों और कभी-कभी तोपों की शेलिंग से पैदा होनेवाली भयावह स्थितियों को जिस तरह से हमारे सीमावर्ती गाँवों के लोग भोगते हैं, उसकी कल्पना तक नहीं की जा सकती। कैसे किसानों की खड़ी फसलें तबाह हो जाती हैं, कैसे वे लोग घरबार, खेत-खलिहान, गाय, भैंस, बकरी छोड़कर सुरक्षित जगहों की तरफ भाग खड़े होते हैं और मीडिया के लिए खबर तक नहीं बनते। फिर धीरे-धीरे लौट आते हैं। उजाड़ घरों को फिर से बसाने लग जाते हैं। सीमा-सुरक्षा बलों की निगरानी और आश्वासन के सहारे खेतों में घास काटने, हल जोतने या ट्रैक्टर चलाने लग जाते हैं। हर रोज़ एक हथेली में जान और दूसरी में उम्मीद लिए जीना, ये सरहद के आर-पार रहनेवाले लोग ही जानते हैं।

सरहदों ने गाँवों, घरों और परिवारों को भी किस तरह बाँटा है, इसकी मिसालें भारत और बांग्लादेश की सीमाओं पर तो होंगी ही होंगी, यहाँ जम्मू-कश्मीर राज्य में विशेषकर जम्मू प्रान्त को चीरकर गुजरती एलओसी पर स्थित पूंछ, राजौरी आदि इलाक़ों में इसके सैकड़ों उदहारण हैं। यह दुर्भाग्य ही कहा जाएगा कि पकिस्तान और चीन अपनी संकुचित और विस्तारवादी सोच के चलते आये दिन घुसपैठ और सीमाओं का उल्लंघन कर सेनाओं का दबाव बढ़ाते रहते हैं। हमने पिछले वर्ष लद्दाख में चुमार, दौलत बेग ओल्डी, रकी नाला स्थित देपसांग घाटी में चीनी सेना की खुलमखुल्ला घुसपैठ की खबरें सुनीं। देपसांग में तो भारतीय सीमा के अन्दर 19 किलोमीटर तक चीनी सैनिकों के ताल ठोक कर आने से जो सामरिक संकट खड़ा हो गया था उसका सीधा प्रभाव लद्दाख की जनता पर पड़ता। हमने टेलीविज़न पर देखा कि किस तरह आसन्न खतरों से जूझ रहे लोग असहाय दिख रहे थे। उनकी आँखों में निकट अतीत में एलओसी के उल्लंघन के परिणामस्वरूप हुए करगिल-युद्ध जैसी आशंका का भाव था। मैदानी इलाक़ों के कस्बों, शहरों, महानगरों में रहनेवाले लोग क्या जानें कि लागातार युद्ध की आशंका में जीना क्या होता है। हमारे देश की बांग्लादेश के साथ 4096 किलोमीटर लम्बी सीमा पर चाहे वो असम, मेघालय, त्रिपुरा और मिजोरम हो या पाकिस्तान की लगभग 2912 किलोमीटर लम्बी सरहद के साथ सटे कारगिल, कश्मीर, जम्मू, पंजाब, राजस्थान

और गुजरात के सीमावर्ती इलाके हों, वहाँ के लोक–मानस और गर्भ–गृह जैसी स्थिति रखनेवाले देश के चौतरफा सुरक्षित भीतरी प्रदेशों के लोक–मानस और उनके स्वभाव में नैसर्गिक अन्तर दिखता है। सीमान्त प्रदेशों के लोगों के रोजमर्रा के संघर्ष एक जैसे होने के बावजूद उनकी कुछ अतिरिक्त विकट समस्याएँ होती हैं। एक छोटा–सा उदाहरण देता हूँ। विगत दो–ढाई दशकों से सीमा पार से क्रॉस–टेररिज़्म के साथ–साथ जिस मात्रा में नशीली दवाओं की तस्करी और अवैध घुसपैठ हो रही है उस पर नजर रखनेवाली सिविल तथा सुरक्षा एजेंसियाँ उनकी जासूसी करती रहती हैं। कब कौन किसे रोके, पीछा करे, तलाशी ले या सन्देह के आधार पर घर पर छापा मारे। आफत में डालनेवाला एक अन्य पहलू यह भी है कि कभी सीमा पार से आतंकवादी घुसपैठिये चोरी छिपे आकर अगर आपके घर में घुस आये तो आप सुरक्षा बलों के कोप का भी भाजन बन जाते हैं।

आपने सरहद विषयक वस्तु–सत्य से जुड़े पहलुओं को समकालीन हिन्दी साहित्य के केन्द्र में लाने की अनूठी कोशिश की है, मैं उसकी सराहना करता हूँ। वास्तव में समूचा हिन्दी प्रदेश सीमा–प्रान्तों के प्रति असंवेदनशील न भी हो, भौगोलिक दूरियों की वजह से अनभिज्ञ जरूर है। सीमा–प्रान्तों के लोगों के संकट, उनकी आशंकाएँ, उनके भय और उनकी जिजीविषा आदि की हम हिन्दी साहित्य में इसलिए भी उतनी सृजनात्मक उपस्थिति नहीं पाते। एक कारण यह भी गिनाया जा सकता है कि हिन्दी में ऐसे कितने रचनाकार हैं जो सीमान्त से आते हैं। इस दृष्टि से तर्क दिया जा सकता है कि इसीलिए विभाजन की त्रासदी पर मुख्य रूप से हमारे पास जो अपवादस्वरूप चन्द उल्लेखनीय रचनाएँ हैं वे पंजाबी पृष्ठभूमि के यशपाल, मोहन राकेश, भीष्म साहनी आदि की हैं। देश–विभाजन की अकल्पनीय विभीषिका पर आम तौर से हिन्दी साहित्य की चुप्पी या अनदेखी पर कभी तो बात होगी ही।

मैं इस समय जबकि आपको यह पत्र लिख रहा हूँ बगल के कमरे से एक स्थानीय समाचार–चैनल से अभी–अभी खबर आयी कि कल जम्मू शहर में अपनी माँगों को लेकर पश्चिमी पाकिस्तान से आये रिफ्यूजियों और पीओके विस्थापितों ने जोरदार प्रदर्शन किया। क्या आप जानते हैं कि इस सीमावर्ती जम्मू ने विभाजन के बाद से आज तक कितने शरणार्थियों और विस्थापितों को शरण दी है। पश्चिमी पाकिस्तान से आये लाखों रिफ्यूजी, पीओके से आये शरणार्थी, जिन्हें सामान्यत: मीरपुरी कहा जाता है, फिर यहाँ पकिस्तान के साथ हुए विगत दो युद्धों के समय छम्ब,जोड़ियाँ सीमान्तों से आये विस्थापित हैं, उसके बाद जेहादी आतंकवाद के चलते 1990 में कश्मीर से लाखों कश्मीरी पंडित विस्थापित होकर आये, फिर डोडा–किश्तवाड़ से विस्थापित आये।

कितना विचित्र है कि विभाजन के बाद से आज तक पश्चिमी पाकिस्तान के

शरणार्थियों की नागरिकता का मसला हवा में लटका हुआ है। पीओके के विस्थापित संसदीय चुनावों में मतदान तो कर सकते हैं, राज्य के विधान सभा चुनाव में वे मतदान नहीं कर सकते। इस तरह सीमावर्ती डुग्गर देश स्वतन्त्रता के बाद से समय-समय पर मुसीबतज़दा लोगों की शरणस्थली बनता गया है। अलग-अलग भाषा-बोलियों के लाखों लोगों के शहर में जमावड़े से जहाँ डुग्गर की सांस्कृतिक अस्मिता किसी हद तक प्रभावित हुई है वहीं इसने जम्मू को बहुलतावादी सहिष्णु समाज की भी पहचान दी।

पाकिस्तान की सरहद से लगते जम्मू की पारम्परिक पहचान यहाँ के रणबाँकुरों के शौर्य, यहाँ के संगीत, यहाँ के कलाकारों, किसानों, कुल मिलाकर यहाँ के सीधे-सच्चे 'खंडमिट्ठे' लोगों से बनी हैं। के. एल. सहगल, मलका पुखराज, अल्ला रखा, कृष्ण चन्दर, ओमप्रकाश जैसे प्रसिद्ध गायकों, संगीतकारों, साहित्यकारों, सिने अभिनेताओं से लेकर पंडित शिवकुमार शर्मा, पद्मा सचदेव और वेद राही जैसी अनेक विभूतियों की धरती ने अपने साथ हो रहे भेदभाव या अपने सीमित साधनों की परवाह किये बिना जिस तरह शरणार्थियों को समय-समय पर गले लगाया, उसकी कोई दूसरी मिसाल नहीं हो सकती।

1990 के खौफनाक बर्बरता भरे दिनों में 'मंदिरों का शहर' जम्मू जहाँ-तहाँ विस्थापितों के कैम्पों के बनते-फैलते जाने से तम्बुओं की बस्तियों से हृदय विदारक हो गया था। एक तरफ निकटवर्ती सुचेतगढ़ की पाकिस्तान से लगती सरहद तो दूसरी तरफ 27 किलोमीटर दूर अखनूर के साथ लगती सीमा। दोनों के बीच झिड़ी, मिश्रीवाला, पुरखू, मुट्ठी, ट्रांसपोर्ट नगर, लद्दाखी सराय, नगरोटा या फिर कठुआ, उधमपुर, बटल-बालियाँ, तलवाड़ा... कहाँ-कहाँ नहीं बने कैम्प। किराये के मकान, धर्मशालाएँ, गुरुद्वारे, स्कूल, मैदान, फुटपाथ, बस अड्डे सब भर गये थे। वे दिन आज भी नहीं भूलते। आज भी घर लौटने की आस ज्यों-की-त्यों बनी हुई है। उनकी आँखों में देखो तो दुष्यन्त की ये पंक्तियाँ याद आएँगी :

मेले में भटके होते तो कोई घर पहुँचा जाता
हम घर में भटके हैं कैसे ठौर ठिकाने आएँगे

यहाँ सरहदों की बात चल रही है तो यह कहना अप्रासंगिक नहीं होगा कि सीमा-पार पाक अधिकृत कश्मीर में आज भी 55 आतंकवादी प्रशिक्षण-केन्द्र बराबर सक्रिय हैं। बावजूद इसके कि हमने कश्मीर घाटी के सीमान्त पर स्थित उड़ी-मुज़फ़्फ़राबाद का रास्ता खोला हुआ है जिसे 'अमन का रास्ता' कहा गया। यहाँ से पाकिस्तान के साथ व्यापार होता है जो दोनों देशों के तनावपूर्ण और शंकालु सम्बन्धों के बनते-बिगड़ते ग्राफ से प्रभावित होता रहता है। अभी कुछ समय पूर्व पाकिस्तान से आनेवाली एक भरी ट्रक में बड़ी मात्रा में हीरोईन तथा जाली करेंसी

पकड़े जाने पर 'अमन का रास्ता' हफ्तों बन्द रहा।

सरहदों के आस-पास के गाँवों का जन-जीवन तो अकसर प्रभावित होता ही रहता है सामरिक दृष्टि से देखें तो पाक अधिकृत कश्मीर से सटे उत्तर-पश्चिमी सीमान्त के सीमान्त प्रान्त अफ़गानिस्तान तालिबान से लड़ने में लगे हुए हैं। आशंका यह भी जतलाई जा रही है कि अफ़गानिस्तान से अमरीकी सेनाओं की भविष्य में वापसी के बाद तालिबान क़ाबुल पर काबिज हो जाने के साथ ही कश्मीर की ओर भारी संख्या में रुख कर सकते हैं।

आप समकालीन हिन्दी साहित्यकारों को सीमा प्रान्तों के लोगों के अनुभव संसार से जोड़ रहे हैं, यह बहुत बड़ी बात है। ओरजू।

आपका

अग्निशेखर

19 मार्च, 2014

कुमार अनुपम

विश्व-कला से कुछ नोट्स : यह सरहद किसकी है

सरहद के विषय में विचार करते हुए यूक्लिड (Euclid) का सर्वस्वीकृत कथन याद आता है। यूक्लिड के अनुसार, "किसी की अत्यन्तता या पराकाष्ठा अथवा चरम ही सरहद (सीमा) है।" (Elements, BK I, Df 13) यदि हम किन्हीं दो—'अ' और 'ब' इकाई के बीच सीमा रेखा मान लें तो कुछ और रोचक बातें सामने आती हैं। लियोनार्डो (Leonardo) कहते हैं कि "सरहद न तो 'अ' से सम्बन्ध रखती है न 'ब' से।" बॉलजानो (Bolzano) यहीं कहते हैं कि "सरहद या तो 'अ' से सम्बन्धित होगी या 'ब' से।" स्वारेज़ (Suarez) के मुताबिक, "दो सीमाएँ हैं, एक का 'अ' से सम्बन्ध है और दूसरी का 'ब' से, और यह दोनों सीमाएँ बिना अतिव्यापन किए हुए अलग-अलग समायोजित हैं।" (There are two boundaries, one belonging to ꠹ and one belonging to Õ and these two boundaries coincide spatially without overlapping mereologically) (ꠚisputation 40, 1591) और स्वारेज़ का यह कथन भौतिक परिप्रेक्ष्य में लॉक (ꠛꠜ) के सिद्धान्त—'एक वस्तु एक जगह' (one object to a place) का उल्लंघन करता है। इन्हीं सिद्धान्तों से यह बात निकलती है कि 'आखिर, यह सरहद किसकी है?' और तब सिद्धान्तों में व्यतिक्रम उत्पन्न किये जाते हैं। और उसी व्यतिक्रम के गर्भ से युद्ध का जन्म होता है।

सरहदें या तो खींची जाती हैं या उनका अतिव्यापन करके बढ़ाया जाता है और वैभव, क्षमता, प्रतिष्ठा में वृद्धि की जाती है या उसका प्रदर्शन किया जाता है। युद्ध चाहे किसी भी कारण से हो अथवा उसके पीछे जो भी कोई मंशा हो लेकिन नैतिक रूप से वह मानवता के खिलाफ ही होता है क्योंकि उससे होनेवाला विनाश और उसका प्रभाव कल्याणकारी नहीं होता। युद्ध का सबसे विध्वंसक परिणाम मनोवैज्ञानिक स्तर पर होता है। चाहे वह युद्ध में बन्दी बनाये गये लोगों के बाहर-भीतर की पीड़ा हो या पराजितों के दूरगामी जीवन पर दर्ज होनेवाले अदृश्य किन्तु उपस्थित मानसिक जख्म हों। अपनी जमीन से उखड़कर बेघर होने, शरणार्थी होने

में जैसे मनुष्य कहीं का नहीं रह जाता। अकेलापन, शर्म, विच्छिन्नता, दुख, आशंका, सन्देहास्पद होते जाने की कितनी ही मर्मान्तक मनोदशाएँ उन व्यक्तियों को रोज झेलनी पड़ती हैं जिनका सब कुछ नष्ट हो चुका होता है, लूटा जा चुका होता है—निजता और उनकी अस्मिता तक। शारीरिक उत्पीड़न से अधिक कठिनतम यह मानसिक उत्पीड़न होता है जिसे पीढ़ियाँ-की-पीढ़ियाँ झेलती हैं।

विश्व-कला में युद्धों पर आधारित चित्रों का लम्बा इतिहास है। उन चित्रों में समय और इतिहास तो दर्ज हुआ ही है, यह भी देखना उचित होगा कि कला में कलाकार अपने समय में मौजूद वैचारिक कला-सीमाओं को चुनौती दे रहे थे, ध्वस्त कर रहे थे या उनका अतिक्रमण किस तरह करके नये विचारों की सरहद में दाखिल होकर कला को विकास की ओर ले जा रहे थे—इस मूल्यांकन और अध्ययन के लिए विश्व-चित्रकला से कुछ नोट्स—

18वीं सदी के उत्तरार्ध में फ्रेंच राजशासन पद्धति ऐतिहासिक संक्रमण काल से गुजर रही थी। राजसत्ता जर्जर हो गयी थी और फ्रेंच जनता रोमन गणतन्त्र का आदर्श लिये हुए आगे बढ़ रही थी। तब होरेशिया के तीन बेटों ने अपनी तलवारें टकराकर यह प्रतिज्ञा की कि वे रोम की रक्षा अल्बा लोंगा (Alba Longa) राज्य से करेंगे। इस विषय को केन्द्र में रखकर जाक दाविद् (Jacques Louis David, 1748-1825) ने 'होरेशिया की प्रतिज्ञा' (Oath of the Horatii) शीर्षक से 1784 में एक पेंटिंग बनायी। इस चित्र की बहुत प्रशंसा हुई और इसे नवशास्त्रीयतावाद (Neo-classicism) का प्रथम चित्र माना गया। राजा ने जनता को खुश करने के उद्देश्य से दाविद् की इस पेंटिंग को खरीदा। लेकिन दाविद् की सर्वाधिक प्रसिद्धि 'ब्रूटस के पुत्रों की मृत्यु का समाचार' (The Lictors Returning to Brutus of his sons, 1789) से हुई। यह चित्र दाविद् ने फ्रेंच राज्यक्रान्ति के समय बनाया था। क्रान्तिकारी जनता और परम्परावादियों—दोनों के लिए रोमन साम्राज्य का इतिहास समान रूप से समादृत था। जनता को ब्रूटस के क्रान्तिवाद ने आकर्षित किया था जबकि राजनिष्ठ लोगों को सीजर का साम्राज्यवाद प्रिय था। इस चित्र की ऐसी ख्याति फैली कि वोल्तेर के नाटक 'ब्रूटस' का मंचन करते हुए अभिनेता दाविद् के चित्र में चित्रित भंगिमाओं-मुद्राओं का अनुसरण करते थे। दाविद् ने युद्ध पर कई महत्त्वपूर्ण चित्र बनाये हैं। उसी श्रृंखला में बहुत प्रसिद्ध चित्र 1801 में बनाया गया—'नेपोलियन आल्पस पार कर रहा है' (Napeolean crossing Alps)। आस्ट्रिया के कब्जे में इटली का जो हिस्सा था, उसे वापस पाने के लिए नेपोलियन वापस आल्पस लौटा था। इस प्रसिद्ध चित्र के 5 प्रतिरूप अलग-अलग समय में बनाए गये। दाविद् ने विद्यार्थी जीवन में 'मिनर्वा की विजय' (Minerva's Conquest) नामक पेंटिंग बनायी थी। इस चित्र में रॉकॉको चित्र शैली की कुछ विशेषताएँ मिलती हैं। रॉकॉको

शब्द की उत्पत्ति फ्रेंच शब्द रॉकॉय से हुई है, जिसका अर्थ है 'सीप'। सीप पर जिस तरह की गतिमान वक्र रेखाएँ होती हैं उसी तरह की रेखाओं को रॉकॉको चित्रशैली में प्रमुखता दी जाती थी। 18वीं सदी के प्रारम्भ में फ्रांस में दरबारी कला में यह चित्रशैली जन्मी थी और इस पर तत्कालीन वास्तुकला का खासा प्रभाव था, लेकिन साधारण जन-जीवन के यथार्थ चित्रण का नामोनिशान नहीं था।

नवशास्त्रीयतावाद के लिए दाविद् के चित्र 'होरेशिया की प्रतिज्ञा' का जो महत्त्व था, वही महत्त्व रोमांसवाद (Romanticism) के लिए 'मेदुसा का बेड़ा' (The Raft of Medusa, 1818-1819) का था। दाविद् के अनुयायी थिओडोर जेरिको (Theodore Gericault, 1791-1824) ने इस चित्र के द्वारा नवशास्त्रीयतावाद की वैचारिक अवधारणा में बदलाव किया। रोमांसवादियों का मानना था कि सिर्फ बुद्धिनिष्ठ व नियमबद्ध होने से कला की चेतना नष्ट हो जाती है और उसका विकास नहीं हो पाता है। मेदुसा का बेड़ा रॉकफोर्ट (Rochefort) से चला था और सेनेगल के सेंट लुइस पोर्ट की ओर जा रहा था। फ्रांस और स्वीडन के बीच युद्ध खत्म हुआ था। (छोटे) युद्धपोत का मिशन पेरिस के शान्ति समझौते के तहत फ्रांस का सेनेगल में ब्रिटिशों की वापसी को स्वीकार करता था।

फ्रांस और ब्रिटेन के बीच मतभेद और वैमनस्य पुराने समय से चला आ रहा था। नेपोलियन के समय में 1810 में पेरिस पीस ट्रिएटी द्वारा फ्रांस ने ब्रिटेन को महाद्वीपीय व्यवस्था (Continental System) द्वारा आर्थिक क्षति पहुँचाई थी, जिसके परिणामस्वरूप 1815 में पर्सिया, रूस, ब्रिटेन और आस्ट्रिया की संयुक्त सेना ने नेपोलियन को वाटर लू के युद्ध में पराजित कर दिया था। मेदुसा जहाज के अधिकारियों को दोषी ठहराते हुए जेरिको ने उनकी भर्त्सना की थी। यह जहाज 1818 में अफ्रीका के किनारे दुर्घटनाग्रस्त हो गया था और समुद्र में छोटे-छोटे बेड़े उतार कर जहाज पर सवार 100 से अधिक लोगों को छोड़ दिया गया था। उनमें सिर्फ 15 लोग जीवित बच सके बाकी सब या तो भूख से या पागल होकर मर गये थे। बचे हुए लोगों को किसी अन्य जहाज से देखा गया और किनारे लाया गया। इस अमानवीय व्यवहार के लिए जेरिको ने जहाज के अधिकारियों की निन्दा की और प्रत्यक्ष घटना का चित्रण करने के लिए वह दुर्घटना से बचे हुए लोगों को स्वयं देखने गये। उन्होंने जहाज के खाती का नमूना बनवाया और अस्पताल में जाकर मृत्युशय्या पर पड़े लोगों के और लाशों के चित्र खींचे। इसी उद्देश्य से उन्होंने पागलखाने में जाकर वहाँ के पागल व्यक्तियों के कई रेखांकन किये। कहा जाता है कि जेरिको ने अध्ययन के लिए घर में भी लाशें रखी थीं जिसके लिए उनके पड़ोसियों ने उनके खिलाफ शिकायतें की थीं। इस मर्मान्तक घटना का जेरिको के हृदय पर गहरा असर पड़ा था और एक कलाकार के सम्पूर्ण साहस और कौशल के साथ उन्होंने चित्र के

माध्यम से अपना कलात्मक रोष प्रकट किया। इन चित्रों में अत्यन्त गतिशील रेखाओं से मानव शरीर चित्रित किये गये हैं और रंगों का प्रयोग घटना के कारुण्यपूर्ण भाव-प्रदर्शन को लक्ष्य करके किया है। आड़ी-तिरछी रेखाओं के अद्‌भुत प्रयोग से पीड़ितों के चेहरे के हावभाव और सम्पूर्ण दशा बहुत दयनीय और सजीव बन पड़ी है। ब्रश के स्ट्रोक्स में नया जोश, रोष और विकलता साफ पहचानी जा सकती है।

जेरिको ने रोमांसवाद की शुरुआत तो की लेकिन उसमें अधिक संवेदना और चेतना डालकर सामर्थ्यशाली बनाने का काम ओजेन देलाक्रा (Eugene Delacroix, 1798-1863) ने किया। 11 अप्रैल, 1822 को ऑटोमॅन सेना ने किओस में बसे लोगों पर हमला किया जो कि उस साल कई महीनों तक लगातार चलता रहा था। गर्मी की तपिश और आक्रमण की गोलाबारी ने दोहरे तरीके से वहाँ की जनता को तबाह कर दिया। इस हमले में लगभग 20 हजार से अधिक लोग मारे गये और लगभग 70 हजार से अधिक लोगों को युद्ध में बन्दी बनाकर प्रताड़ित किया गया। देलाक्रा ने इस भीषण घटना को विषय बनाते हुए अपना बहुविख्यात चित्र 'किओस में नरसंहार' (The Massacre of Chios) बनाया। इस चित्र की वहाँ के दर्शकों और कला-समीक्षकों ने सिर्फ इसलिए निन्दा की कि चित्र के विषय को समकालीन इतिहास से चुना गया था जबकि उस समय प्रचलित कला-विचारधारा के मुताबिक कला का विषय पौराणिक या आदर्शवादी ही हो सकता था। देलाक्रा के विषय-चयन के साहस, स्फोटक रंगांकन और वस्तु-विन्यास ने एक नये कला-विचार का सूत्रपात किया। देलाक्रा का कहना था कि चित्रकला की आत्मा रंग है इसलिए रंगों के गुणधर्म का सही और पूर्ण ज्ञान प्राप्त करके रंगांकन द्वारा वस्तु को ठोस रूप प्रदान किया जाना चाहिए। रंगीन चित्र रंगों से साकार होता है, वाह्य रेखा से नहीं। इस मन्तव्य का प्रभाव यह हुआ कि प्रभाववाद (Impressionism) के अनुयायी चित्रकारों ने वाह्य रेखा को चित्रकला से स्थगित कर दिया।

फ्रान्सिस्को गोया (Francisco Goya, 1746-1828) स्पेन के तीसरे चार्ल्स की मृत्यु के बाद दरबारी चित्रकार नियुक्त किये गये थे। 1808 में फ्रांस ने स्पेन पर आक्रमण कर दिया और बेरहमी से निरपराध जनता का संहार किया। स्पेन के उत्तराधिकार का प्रश्न था और इसी वजह से 1870 में फ्रांस और पर्सिया के बीच निर्णायक युद्ध हुआ था जिसमें फ्रांस पराजित हो गया था। गोया ने 1808 के युद्ध में सामान्य-साधारण जनता की तबाही को अपनी पेंटिंग का विषय बनाया और कई चित्र शृंखलाएँ बनायीं। सत्तासीन वर्ग का भ्रष्टाचार और विलासिता अपने चरम पर थी। गोया के एक्वाटिंट्स 'युद्ध की भयानकता' (Horrors of War) तथा 'युद्ध के दुष्परिणाम' (Disaster of War) में गोया ने सम्पूर्ण संवेदना के साथ जनता के दारुण्य और पीड़ा को चित्रित किया है, वहीं अपना विद्रोही और आलोचनात्मक

हस्तक्षेप भी प्रदर्शित किया है। आलोचनात्मक और स्पष्टवादी निन्दा भरे चित्र कला के इतिहास में सर्वप्रथम गोया ने ही बनाये हैं। गोया ने राजा और धनिक वर्ग के जो व्यक्ति चित्र बनाये हैं उनमें से व्यक्तियों की व्यभिचारी वृत्ति और मूर्खता की ओर साफ संकेत उपलब्ध हैं। राजा चतुर्थ चार्ल्स के परिवार का सामूहिक व्यक्तिचित्र इस बात का प्रमाण है। इस चित्र में राजसत्ता को खुश करने का कोई प्रयत्न नहीं है बल्कि बदसूरत रानी और व्यभिचारी राजसदस्यों के चेहरों की भंगिमाओं को विद्रूप करके गोया ने उन्हें अनन्त समय तक के लिए निन्दा का पात्र बना दिया है। गोया के युद्ध विषयक चित्रों में 'दो मई' और 'तीन मई' का विशेष स्थान है। इन चित्रों में फ्रेंच सैनिक निर्दयता से स्पेनिश जनता की हत्या करते हुए दर्शाए गये हैं। जनता के चेहरों पर आसन्न मृत्यु के भय में खामोशी और अवाक् का चीत्कार पूरे कैनवस से बाहर भी सुना जा सकता है। 'मैंने यह देखा' (This I have seen) चित्र-शृंखला युद्ध के हृदय-विदारक परिणामों का अविस्मरणीय दस्तावेज़ है। इन चित्रों से पहले कलाकार युद्ध के चित्र में वीरता और धैर्य की प्रशंसा किया करते थे, लेकिन गोया ने आक्रामकों की हृदयहीनता और निर्दयता की निन्दा करके जनता की दयनीय दशा की ओर कला-इतिहास की संवेदना को मोड़ दिया। इसीलिए गोया के चित्रों में आत्मीयता और नव-विचार की स्फूर्ति है। जीवन-मरण के अन्तिम क्षणों की मनोदशा का ऐसा प्रभावी यथार्थ चित्रण करने में गोया का कोई सानी नहीं है। 'युद्ध के दुष्परिणाम' शृंखला को तीन विषयों पर केन्द्रित मानकर बाँटा जा सकता है—युद्ध, भुखमरी और अकाल, राजनीतिक और सांस्कृतिक पतन।

घनवाद के जनक ग्युस्ताव कुर्बे (Gustave Courbet, 1819-1877) को युद्ध के घातक परिणाम झेलने पड़े थे। फ्रांस और जर्मनी के युद्ध के बाद फ्रेंच गणतन्त्र का पतन हो गया था और कुर्बे की राष्ट्र के प्रति की गयी सेवाओं और त्याग के बदले अभियोग और बार-बार कारावास की सजा झेलनी पड़ी थी। उनकी सारी सम्पत्ति और कलाकृतियाँ जब्त कर ली गयी थीं। ऐसी विपत्ति में भी अन्त तक कुर्बे ने चित्र बनाये हैं। उनके चित्रों में युद्ध के दौरान की मन:स्थिति के सूक्ष्म तत्त्व तलाशे जा सकते हैं।

घनवादी चित्रकार पाब्लो पिकासो (Pablo Ruiz Picasso, 1881-1973) द्वारा 1937 में बनाए गये विश्वविख्यात चित्र 'ग्वेर्निका' (Guernica) की भला किसको याद न होगी। चित्र का विषय था—जर्मन तानाशाही आक्रमण द्वारा स्पेन के सीमावर्ती गाँव ग्वेर्निका का विनाश। 26 अप्रैल, 1937 को स्पैनिस सिविल वार के दौरान बमबारी करके ग्वेर्निका को तहस-नहस कर दिया गया था। पिकासो ने इस चित्र के प्रतीकात्मक महत्त्व को स्पष्ट करते हुए कहा था—'यहाँ बैल का चित्रण तानाशाही के प्रतीक रूप में नहीं किया गया है बल्कि वह पाशविक अत्याचार और अन्याय का

प्रतीक है, घोड़ा जनता का प्रतीक है।' यह चित्र युद्ध की विनाशकारी प्रवृत्ति और समाज में व्यक्ति और मुख्यत: मासूम नागरिकों के आत्म के विनाश का दस्तावेजी रूपक का दर्जा प्राप्त कर चुका है। पिकासो ने यह चित्र पेरिस में बनाया था और आधुनिक कला संग्रहालय में इस शर्त के साथ रखा था कि उसको स्पेन तभी भेजा जाए जब वहाँ गृहयुद्ध समाप्त हो जाए और लोकतन्त्र स्थापित हो जाए। कहा जाता है कि जब चित्र एक कलादीर्घा में प्रदर्शित था, वहाँ तानाशाह के सैनिक आ गये। सैनिकों ने पिकासो से पूछा—'यह चित्र किसने बनाया है?' पिकासो ने हिकारत से, बिना डरे कहा—'आपने?'

अभिव्यंजनावादी काल के उत्तरवाद (Post-Empressionism) में ऑटो डिक्स (Otto Dix, 1891-1969) ने प्रथम विश्वयुद्ध में हुए भयंकर नरसंहार को अपनी आँखों से देखा था। इससे उनकी कल्पनाशक्ति आजीवन असर में रही और उनको हर जगह दुख, आतंक और तबाही के दृश्य दिखाई देते थे। लाशों, कंकालों और खून-कीचड़ से लथपथ युद्धक्षेत्र की खाइयों के एंग्रेविन्ज को उन्होंने 'युद्ध' (1924) शीर्षक से पुस्तकाकार प्रकाशित किया।

विश्वयुद्ध के बाद की मानसिक अवस्था का सबसे प्रभावी चित्रण माक्स बेकमन (Max Beckmann, 1884-1950) ने किया है।

प्रथम विश्वयुद्ध के बाद निराशा, अवसाद और पाश्चात्य सभ्यता की विनाशक परिस्थिति ने ही कला-इतिहास में दादावाद व अतियथार्थवाद (Surrealism) को जन्म दिया। इस दौर के चित्रों का मनोविज्ञान युद्ध के विघटनकारी और अराजक वृत्तियों से मेल खाता है। शरणार्थी चित्रकार साल्वाडोर डाली (Salvador Dali, 1904) के बनाये चित्रों में यथार्थ के पीछे छुपा हुआ घृणास्पद सत्य उद्घाटित हुआ। डाली ने खून, हत्या व सड़न को चित्रित करके आकारों का सर्वथा नया प्रारूप रच दिया। 'जलता हुआ जिराफ़' (1935), 'गृहयुद्ध की पूर्व-सूचना' (1936) और 'दृष्टि सातत्य' (Presistence of Vision) जैसे कई चित्रों में उनकी असाधारण कल्पनाशक्ति और कला कौशल तो मिलता ही है, उस समय को समझने का भी सूत्र प्राप्त होता है। साल्वाडोर डाली की सम्पूर्ण कला विश्वयुद्ध के परिणामों का कला में प्रत्यक्ष प्रकटीकरण है।

हेनरी रूसो (Henri Rousseau, 1844-1910) ने भी 'युद्ध' शीर्षक से महत्त्वपूर्ण पेंटिंग बनायी थी। लेकिन यह पेंटिंग विचलित नहीं कर पाती।

मेक्सिकन कला के जरूरी हस्ताक्षर डाविड आल्फारो सिकेरोस (1898) के प्रसिद्ध चित्र 'चीख़ की प्रतिध्वनि' (Echo of a scream) में बमबारी के दौरान ध्वस्त नगर के मलबे में एक असहाय, अनाथ बच्चे को विलाप करते हुए चित्रित करके युद्ध की विभीषिका को बहुत हृदयविदारक बना दिया गया है।

इटैलियन कला में जो महत्त्व माइकल एन्जेलो को प्राप्त है, मेक्सिकन कला में होसे क्लेमेंट आरोस्को (1883–1949) ने वही स्थान प्राप्त किया है। 1913 से 1917 तक उन्होंने क्रान्ति के जो कच्चे रेखांकन किये थे उससे उन्होंने 'मेक्सिकन क्रान्ति' (Mexico in revolution) शीर्षक से चित्र-शृंखला तैयार की थी। युद्ध की विभीषिका के मैक्सिको शहर तक पहुँचने से पहले वे वहाँ की बदनाम बस्ती के निरीक्षक थे और उन्होंने 'आँसुओं का घर' (House of Tears) शीर्षक से उस इलाके की स्त्रियों के जीवन की दयनीय दुखभरी कहानी जलरंगों के माध्यम से चित्रित की थी। अमेरिका के न्यूयार्क शहर में सामाजिक अनुसन्धान विद्यालय (School of Social Research) में उन्होंने विशाल भित्ति चित्र बनाया था। शीर्षक और विषय था—'नये विश्व में संस्कृति की वीरगाथा' (Epic of Culture of the New World)। इस चित्र में व्यंग्य और उपहास का सार्थक उपयोग देखने को मिलता है। पैगम्बरों की वाणी को अनसुना करते हुए लोग एक-दूसरे के प्रति दुर्व्यवहार व अत्याचार कर रहे हैं। एक जगह पर ईसा को क्रूस को कुल्हाड़ी से काटते हुए दर्शाया गया है। मेक्सिकन कला-देवता को देश छोड़कर जाते हुए प्रदर्शित किया गया है और वर्तमान सभ्यता के जन्मदाता बौद्धिकों को कंकाल की तरह निरूपित किया गया है जो व्यक्तिवादी अराजक शिक्षा के द्वारा फिर कंकालों का निर्माण कर रहे हैं। 1940 में आधुनिक कला संग्रहालय की बाहरी दीवार पर उन्होंने जो चित्रांकन किया, उसको युद्ध पर आधारित कला की एक अप्रतिम रचना का दर्जा दिया जा सकता है। मेक्सिकन सरकार ने आरोस्को को मृत्यु के पश्चात् राष्ट्र के अमर पुरुषों में शामिल कर राष्ट्रीय सम्मान के साथ उनका अन्तिम संस्कार किया।

ऐसे अनेक चित्रों के उदाहरण दिये जा सकते हैं जिन्होंने विश्व के अनेक युद्धों और उनकी मन:स्थितियों और उनके भीषण परिणामों को अत्यन्त संवेदना के साथ सँजोया है। अभी पिछले ही दिनों इराक पर अमेरिकी हमले की निन्दा करते हुए दुनिया के अनेक चित्रकारों ने पेंटिंग बनायी थी। बन्दीगृह में निर्वस्त्र बन्धकों के कोड़े-खाये जिस्मों की रक्तिम लकीरें और अमेरिकी बर्बर सेना के धधकते घृणास्पद सैनिकों की तस्वीर जनता के क्रोध में दर्ज हो चुकी है।

हमारे देश भारत में अँग्रेजों से मुक्ति के प्रयास में बहुत कम चित्रों का सृजन मिलता है। लेकिन आजादी के साथ भारत-पाकिस्तान विभाजन की दुर्घट छाया की विडम्बना से कई भारतीय कलाकारों की कला को एक पहचान मिली है। ऐसे कलाकारों में कृष्ण खन्ना, सतीश गुजराल, ग़ुलाम मोहम्मद शेख़, नीलिमा शेख़, और ऐसे कई महत्त्वपूर्ण कलाकारों के नाम लिये जा सकते हैं। भारत-बांग्लादेश विभाजन की मारक स्मृतियों से बंगाल के कई चित्रकारों का सामना बना हुआ है।

जोगेन चौधरी और उनसे पहले चित्तप्रसाद की कला में बंगाल विभाजन और बंगाल के अकाल की हृदय विदारक छवियाँ गहरे तक पैठी हुई हैं।

कृष्ण खन्ना के अनेक चित्रों में विभाजन के बाद की आशंका, हड़बड़ी, डर, सब कुछ समेट चलने की हद दर्जे की उत्कंठा और असहायता की बेचैनी दर्ज है। हिंसा और आत्मसंशय के अनेक रूपाकार कृष्ण खन्ना के चित्रों में उस कठिन समय को साक्षात् उपस्थित कर देते हैं। सतीश गुजराल का एक ब्लैक एंड व्हाइट चित्र है जिसमें आधा चेहरा ढके कुछ स्त्रियाँ जैसे मर्सिया पढ़ रही हैं। इस चित्र में दुख और बेचैनी का अजीब श्वेत-श्याम रूप है। बेरंग और बदरंग।

चित्तप्रसाद ने भगत सिंह की शहादत, कश्मीर के जन-आन्दोलन, तेलंगाना के किसान विद्रोह और बंगाल के अकाल की प्रभावी छवियाँ रचकर सार्थक कला का एक प्रस्थान तय कर दिया है। जैनुल आबदीन के चित्रों को इसी पृष्ठभूमि में याद किया जा सकता है।

1971 में बांग्लादेश के मुक्ति-संग्राम के दिनों में कृष्ण खन्ना के बनाये 'खेल' शीर्षक चित्रों को भुलाया नहीं जा सकता। इस चित्र में कुछ ताकतवर लोग बैठे हुए खेल रहे हैं और नीचे नर-कंकाल बिखरे हुए प्रदर्शित हैं।

के.जी. सुब्रमण्यन छात्र जीवन में मार्क्स और गाँधी के विचारों से प्रभावित होकर 'अँग्रेजों भारत छोड़ो आन्दोलन' से सक्रिय राजनीति में आये थे। 1943 में के.जी. जब जेल गये तो राजनीति से जुड़े लोगों की प्रतिबद्धता और सोच ने उन्हें निराश कर दिया। यह मोहभंग के.जी. सुब्रमण्यन की पेंटिंग में दर्ज आकारों में साफ पहचाना जा सकता है।

सोमनाथ होर का जन्म 1921 में चटगाँव (अब बांग्लादेश) में हुआ था। द्वितीय विश्वयुद्ध के दौरान जापान ने चटगाँव पर बमबारी की थी। युद्ध के ये जख्म और बंगाल के अकाल की पीड़ा सोमनाथ होर के रेखाओं और रंगों में दर्ज होते रहे। सोमनाथ होर स्वयं कहते थे—'मैं तस्वीरें नहीं बनाता हूँ। मैं जख्म बनाता हूँ।'

गुजरात के एक बोहरा मुस्लिम परिवार में 1925 में जन्मे तैयब मेहता विभाजन की हिंसा को चित्रों में दर्ज करते रहे। उनके विखंडित व्यक्तित्वों के रूपाकार विरूप का अनूठा सौन्दर्यशास्त्र प्रस्तुत करते हैं।

नीलिमा शेख़ की एक पेंटिंग प्रदर्शनी का शीर्षक ही था—'हर रात कश्मीर को अपने सपनों में रखो' (Each night put Kashmir in your dreams)।

गणेश पाइन के चित्रों में अन्धकार और आशंका की भयावह छवियाँ बंगाल के विभाजन और अकाल और अद्‌भुत कल्पनाजनित खोहों में हमें ले जाने में समर्थ हैं।

रामेश्वर बरूटा की कला में हिंसा और आतंक की न सिर्फ छवियाँ बल्कि

हृदय द्रावक चीखें तक दर्ज हुई हैं।

अर्पिता सिंह ने मौजूदा समय में युद्ध के नये तरीकों को केन्द्र में रखकर कई पेंटिंग्स बनायी हैं और बाजारवादी सामन्तशाही ताकतों की निन्दा की है।

अंजलि इला मेनन की 'युद्ध' की मर्मान्तक पीड़ा पर केन्द्रित एक पेंटिंग है जिसमें एक मृत माँ के स्तन उघड़े हुए हैं, आस-पास मृत्यु और लाशों का अम्बार है। माँ के पास एक भूखा-प्यासा बच्चा बैठा हुआ है। भारतीय कला-इतिहास में यह चित्र एक धरोहर है। मृत्यु की शान्ति के बीच जीवन का यह रूप बहुत कष्टदायी है।

भारतीय कला में ऐसे अनेक उदाहरण उपलब्ध हैं जिनमें बाहरी और भीतरी युद्ध के दृश्य पूरी विडम्बना के साथ उकेरे गये हैं।

युद्धों और सरहदों ने अपने प्रभाव के विस्तार में सभ्यता, संस्कृति और मानवता को असहनीय पीड़ा पहुँचाई है। शायद इसीलिए पिटिरिम सोरोकिन (Pitrim Sorokin) ने 'क्रान्ति का समाजशास्त्र' (The Sociology of Revolution) में प्रस्तावना की थी कि 'संघर्षों तथा युद्धों का अन्त करने के लिए संसार में एक रचनात्मक परार्थवादी व्यवस्था की स्थापना परम आवश्यक है। केवल आर्थिक या राजनीतिक के अनुकूल अहंवादी अथवा स्वार्थी मनोभावों को समाप्त करके परार्थवाद को उत्पन्न नहीं किया जा सकता है। इसलिए परार्थवादी आन्दोलन को सम्पूर्ण विश्व में फैलाना होगा। इससे अनेक क्षेत्रों में हृदय की विशालता और विचारों की वह उदारता प्राप्त हो सकती है जिसके अभाव में विश्व-बन्धुत्व या विश्व-शान्ति की कल्पना एक निरर्थक सपना ही बना रहेगा।'

विभाजन, विस्थापन—कुछ अहम बातें

भूला नहीं विभाजन—सैय्यद हैदर रज़ा

महात्माजी को मैंने एक ही बार, मंडला में, दूर से देखा था। मेरे भाई, मैं और रेंजर्स क्वार्टर का चौकीदार, मंडला में गाँधी जी की सभा देखने गये थे। यह 1931-32 की बात होगी। रास्ते में जंगलात के अफसरों के घर पड़े। एक अँग्रेज महिला मिलीं, जो हिन्दी बोलती थीं। उन्होंने टूटी-फूटी हिन्दी में बताया कि हम गाँधी जी को देखने जा रहे हैं। बस तभी मैंने उन्हें देखा-सुना था। शाला में उनके आने को लेकर चर्चा होती थी। बहुत बाद में, साठ के दशक में मैं वर्धा गया। तब तक गाँधी जी को वहाँ से गये बरसों हो चुके थे। मैं सेवाग्राम में उस स्थल पर गया, जहाँ प्रार्थना सभाएँ होती थीं। हम प्रार्थना सभा की अवधारणा से परिचित थे और इसे बड़ी बात मानते थे।

रघुपति राघव राजा राम पतित पावन सीता राम। ईश्वर अल्लाह तेरे नाम, सबको सन्मति दे भगवान॥—बहुत प्रसिद्ध गीत था। धर्म की यह सार्वभौमिक समझ बहुत महत्त्वपूर्ण थी। सत्य और अहिंसा, मानवीय करुणा सम्बन्धी उनके विचार, सत्य के प्रति उनका आग्रह, उनका कहना कि बुद्धि को हृदय के अधीन होना चाहिए, मौनव्रत और उपवास रखने का उनका विचार। इन सबका (हमारे लिए) बहुत अर्थ था। यह हमारे माता-पिता के विचारों से भी मेल खाता था। मानवीय करुणा को, दया को बहुत महत्त्व दिया जाता था।

स्वाभाविक ही था कि हम महात्मा गाँधी के विचारों से अभिभूत थे, लेकिन उन दिनों, विशेष रूप से 1942-43 में मैं पंडित जवाहरलाल नेहरू को लेकर बहुत उत्साहित था। पंडितजी ने अपने एक भाषण में 'भारत फूट पड़ने को तैयार एक ज्वालामुखी की तरह है' जैसा कुछ कहा था। बाद में मैंने नेहरू जी को पेरिस में देखा, उनका भाषण सुना। अद्‌भुत! उनके विचार चुम्बकीय थे, उन्होंने मुझे आकर्षित किया। लेकिन पेरिस में रहते जैसे-जैसे मेरा विकास हुआ, मैं समझ पाया कि

महात्मा गाँधी विराट थे, उनके कार्य और विचार सचमुच महान थे। राजनीतिज्ञ के साथ-साथ वे महान मानवतावादी थे और एक ऐसे दार्शनिक थे जिनका विचार और चिन्तन मनुष्यमात्र के दैनन्दिन जीवन से अन्तरंग रूप से जुड़ा था। किसी अमेरिकन पत्रकार से बात करते उन्हें मालूम रहता कि वे एक ऐसे देश की पूरी सोच को संचारित कर रहे हैं जहाँ धर्म की भूमिका बहुत महत्त्वपूर्ण है। वे जानते हैं कि वे क्या कर रहे हैं। वे कुछ छन्द पढ़ते या 'भारत छोड़ो' जैसी सरल बात कहते और पूरे देश में बिजली-सी दौड़ जाती, आखिर ब्रिटिश शासन को जाना पड़ा। दुर्भाग्य से देश को विभाजित कर दिया गया। लेकिन भारत स्वतन्त्र था और हम जानते थे कि सम्भावनाएँ अपार हैं। हमारे मानव और प्राकृतिक संसाधन प्रचुर हैं। भारतीय अपनी मनीषा और सम्भावना हर क्षेत्र में दिखा चुके हैं, व्यापार, इलेक्ट्रॉनिक्स, गणित, कला और संस्कृति। मैं मानता हूँ कि आज हिन्दी कविता, और शायद अन्य भारतीय भाषाओं की कविता भी, और चित्रकला, भारतीय संस्कृति के सबसे गतिशील पक्ष हैं।

विभाजन हमारे लिए बहुत कठिन समय रहा। मैं और मेरा परिवार विभाजन के घोर विरोधी थे। दमोह, मंडला, बम्बई में वातावरण हमेशा ही सौहार्दपूर्ण रहा। लोगों से हमारे सम्बन्ध बहुत अच्छे थे, आपस में प्रेम था। हमारा परिवार बहुत पुराना, सम्मानित परिवार था। शहर के मेयर और कुछ और लोगों से मेरे बहनोई की कुछ तनातनी चल रही थी। उन्होंने कुछ ऐसी टिप्पणियाँ की थीं जो मेरे बहनोई को नागवार गुजरीं। विभाजन के बाद तनाव बढ़ रहा था। हत्याओं का दौर चल रहा था। मेरी बहन और उनके परिवार के लिए दमोह में यह कठिन समय था। मेरे सबसे बड़े भाई यूसुफ़ रज़ा हिन्दी दैनिक 'विश्वमित्र' में उप-सम्पादक थे और जानते थे कि क्या हो रहा है। वह और हमारे दो भाई दिल्ली में बस गये थे। दिल्ली में तनाव बढ़ा और एक रात उन्होंने घर छोड़कर कहीं और शरण लेने का निर्णय किया। मकान में आग लगा दी गयी। आखिर मेरे भाई लाहौर चले गये। उनके पास कोई चारा नहीं बचा था। उन्होंने हाथ खड़े कर दिए। बड़े भाई संस्कृत के विद्यार्थी थे। भारतीय लोकाचार, हिन्दी कविता, हिन्दी संस्कृति में वे मुझसे गहरे पैठे थे। अपने गुरुजनों के लिए हम सबके मन में अगाध श्रद्धा है। लेकिन दमोह में मेरी बहन के परिवार के लिए स्थितियाँ बिगड़ती जा रही थीं। वे शरणार्थी शिविर में चले गये, पहले भोपाल, फिर बम्बई और आखिर, पाकिस्तान।

1942 में मैंने दमोह में अपनी रिश्ते की बहन फ़ातिमा से अपनी पसन्द से विवाह किया। दुर्भाग्य से कुछ बरस साथ रहने के बाद हमारे विचारों और स्वभावों के अन्तर उभरने लगे। मैं चित्रकार के तौर पर अपनी कक्षा में तन्मय था और मेरी महत्त्वाकांक्षा को समझ पाना उनके लिए कठिन था। विभाजन के बाद पाकिस्तान चले गये, अपने परिवार से उन्हें गहरा लगाव था। वे उनके पास चली गयीं। मेरी

जड़ें भारत में गहरी जमी थीं जहाँ मुझे अपने अध्यापकों, मित्रों और सहकर्मियों का प्रेम और तवज्जो मिल रहे थे। मेरा विश्वास विवाह में है, और अलग होने में भी। आखिर 1959 में हम अलग हो गये।

तलाक बम्बई में हुआ। मैं 1956 से जानीन को जानता था, वे आर्ट स्कूल की छात्रा थीं। 1959 में मैंने उनसे विवाह का निर्णय लिया। विभाजन से हम लोग बहुत दुखी थे। लेकिन मैंने तय किया कि यहीं रहूँगा। मुझे बहुत ही खुशी है कि मैं रुका और पिछले इक्यावन बरस से फ्रांस में रहते हुए भी अपना नाम, धर्म या राष्ट्रीयता नहीं बदली है। मैं अब भी भारतीय नागरिक हूँ। मैं मानता हूँ कि फ्रांस में काम करने के लिए अनुकूल वातावरण है। यहाँ मैंने बहुत कुछ सीखा। ('आत्मा की ताप' से साभार)

पंजाबी शरणार्थी आज पहले से बेहतर स्थिति में हैं—कर्त्तार सिंह दुग्गल

जहाँ तक पंजाबी शरणार्थियों का सवाल है तो उनमें से आज ऐसा कोई नहीं दिखता जो दबा हुआ हो। वे बहुत ऊँचे चले गये हैं। हमारी सरकार ने शरणार्थियों के रिहेबिलिटेशन के लिए अच्छे प्रयास किये। नेहरू के सेक्रेटरी थे त्रिलोक सिंह, जिन्हें नेहरू ने विशेष हिदायत के साथ रिहेबिलिटेशन के डायरेक्टर जनरल पद पर नियुक्त किया। त्रिलोक सिंह ने भी प्रतिबद्धता के साथ अपने काम को अंजाम दिया। त्रिलोक सिंह के बाद इस पद पर महेन्द्र सिंह रंधावा आये और उन्होंने भी शरणार्थियों के पुनर्वास के लिए मेहनत की। नेहरू ने कहा था कि शरणार्थी देश का सरमाया हैं। सरकार की सहायता और अपने स्पिरिट के बल पर पंजाबी शरणार्थी आज पहले से बेहतर स्थिति में हैं। अच्छे-अच्छे बिजनेस में हैं, अच्छे-अच्छे घरों में रहते हैं। उनकी समस्याएँ अब खत्म हो गयी हैं। परन्तु यहाँ से पाकिस्तान गये हुए मुसलमानों की स्थिति आज भी बेहतर नहीं है। आज भी रिफ़्यूजी कराची की सड़कों पर पड़े हुए हैं। उनकी अपनी अलग तरह की समस्याएँ हैं।

स्वतन्त्रता और विभाजन के दो नत्थी शब्द—कृष्णा सोबती

विभाजन और जनसंख्या के विस्थापन को लेकर आज इतिहासकारों, समाजशास्त्रियों में नयी दृष्टि उभर रही है। विभाजन त्रासदी को पीछे छोड़ यह दृष्टि नये ढंग से इस ऐतिहासिक घटना का विश्लेषण कर रही है। इसका सम्बन्ध धर्म-सम्प्रदाय से अलग जाति वर्ग के दरम्यान पैठी बारीक गुत्थियों को सुलझाने की नयी चेष्टाएँ हैं। स्वतन्त्रता प्राप्ति के दशकों-दशकों बाद, आज भी और अभी भी नागरिकों की उस पीढ़ी के कुछ लोग मौजूद हैं जो अपनी रूह में, आत्मा में, अन्तरतम के कोनों में स्वतन्त्रता और विभाजन के दो नत्थी शब्द सँभाले हुए हैं। यह दोनों शब्द एक-दूसरे

से गुँथे रहे हैं। दोनों शब्दों से लिपटी वह हिंसक स्मृतियाँ अब उस घटित को खुली आँखों से देखने की सम्भावनाओं को तलाश रही हैं। दोनों मुल्कों की सरहदों के आर-पार वतनों से क्या उखड़ा, क्यों उखड़ा और कितना इकसार हुआ? उसकी विश्वसनीय जाँच-पड़ताल को लोग उत्सुक हैं। नॉस्टेल्जिया और राजनीति के रसायन में से कितना नष्ट हुआ कितना बचा, वैज्ञानिक दृष्टि से इसका सार निकालने की जरूरत नहीं क्या!

प्रजातन्त्र न होने का एक बड़ा कारण—कृष्ण बलदैव वैद

बांग्लादेश का इतना जल्द टूट जाना वह भी पॉवर स्ट्रगल था। उ़र्दू को तो वहाँ जगह दे दी गयी लेकिन जो यहाँ से उर्दूदाँ वहाँ गये, उन्हें सही तरीके से जगह नहीं दी गयी। वहाँ प्रजातन्त्र नहीं रहा, सांस्कृतिक असमानताएँ थीं, रहन-सहन, जुबान का मसला था। और खास बात यह भी है कि वहाँ मध्य-वर्ग उस रूप में नहीं है, जैसा हमारे यहाँ है। वहाँ या तो बड़े जमींदार हैं या गरीब तबका। मिडिल क्लास है तो प्रोफ़ेशन। मैं समझता हूँ कि मध्यवर्ग की गैर मौजूदगी वहाँ प्रजातन्त्र न होने का एक बड़ा कारण है।

विस्थापन अधिक पीड़ादायक होता है—केदारनाथ सिंह

मेरा एक ख्याल है कि दूसरे विश्वयुद्ध को लेकर जो साहित्य पश्चिम में लिखा गया है उससे कम महत्त्वपूर्ण वह साहित्य नहीं है जो बँटवारे को लेकर उर्दू, हिन्दी और अन्य भारतीय भाषाओं में लिखा गया है। उर्दू में स्वभावत: ज्यादा लिखा गया, क्योंकि उर्दूभाषी क्षेत्र इस त्रासदी से होकर गुजरे थे। हिन्दी क्षेत्र इस त्रासदी के हाशिए पर था, यद्यपि वह एकदम अछूता रहा ऐसा मैं नहीं कहूँगा। हिन्दी के कई लेखक उससे सीधे प्रभावित हुए थे, जैसे भीष्म साहनी, अश्क, बलवन्त सिंह और कुछ अन्य। इन सबने बँटवारे को किसी-न-किसी रूप में झेला था और उन अनुभवों को अपनी रचनाओं में सीधे या परोक्ष रूप से दर्ज भी किया। आग का दरिया, तमस, आधा गाँव, जिन्दगीनामा, बस्ती आदि ढेरों ऐसी कथाकृतियों को याद किया जा सकता है,जो केवल उस कालखंड का दस्तावेज ही नहीं प्रस्तुत करतीं बल्कि जो कला की दृष्टि से भी श्रेष्ठ हैं। ये ऐसी कृतियाँ हैं जिन्हें उर्दू और हिन्दी की दुनिया में क्लासिक का दर्जा मिल चुका है। जहाँ तक कविताओं का सवाल है तो मैं कह सकता हूँ कि हिन्दी के ज्यादातर कवि हिन्दी के मध्यक्षेत्र से आते हैं जो बँटवारे के प्रत्यक्ष प्रभाव से दूर स्थित है। पर मुझे याद आता है कि हिन्दी के प्रसिद्ध कवि अज्ञेय ने 'शरणार्थी' नाम की एक रचना प्रकाशित की थी, जिसमें बँटवारे की त्रासदी पर कुछ कविताएँ थीं। एक कविता शरणर्थियों को लेकर आनेवाली ट्रेन को लेकर है

जिसकी एक पंक्ति मुझे याद है—'एक गाड़ी रुक गयी वीरान में।' अज्ञेय पंजाब से सम्बन्ध रखते थे सो उनके यहाँ काव्यात्मक प्रतिक्रिया दिखती है। ढूँढ़ने पर कुछ और कविताएँ मिल सकती हैं। इस विषय पर मेरी लिखी कविता 'सन् 47' का खासतौर पर जिक्र करना चाहूँगा। मेरा ख्याल है कि छानबीन की जाए तो और रचनाएँ जरूर मिलेंगी। परन्तु बँटवारे के बाद जो लोग विस्थापित हुए उसकी प्रकृति अलग है, वे लोग स्वेच्छा से अपने स्थान को छोड़कर नहीं आये थे। जिन्हें बलात किसी स्थान से बहिष्कृत किया जाता है उसका विस्थापन अधिक पीड़ादायक होता है।

यह एक ब्रिटिश गेम प्लान था—श्याम बेनेगल

विभाजन भयंकर भूकम्प जैसा था और इसके झटके को अब भी गहराई से महसूस किया जाता है। पंजाब, हरियाणा, राजस्थान, बंगाल, बिहार, यूपी आदि जगहों के लोग इससे प्रभावित हुए थे। मेरा मानना है कि यह एक ब्रिटिश गेम प्लान था। नरेन्द्र सिंह की एक किताब आयी थी 'द अनटोल्ड स्टोरी ऑफ पार्टीशन।' इसमें बताया गया है कि माउंटबेटन के पहले ही वायसराय बेबेल ने विभाजन का मेप बना लिया था, और विभाजन होना तय था। यह मेप शिमला वार्ता से पहले ही बन चुका था। यह उस वक़्त की बात है जब काँग्रेस के महत्त्वपूर्ण नेता व अन्य राष्ट्रवादी नेता जेलों में बन्द थे। जिन्ना द्वारा 1939 में दिए गये भाषण हों या 1940 में किये गये पाकिस्तान के निर्माण की घोषणा, वे विभाजन को लेकर बहुत ज्यादा गम्भीर नहीं थे। विभाजन अँग्रजों की सोची-समझी राजनीति की ही परिणति थी।

इनसान की जड़ें अगर खत्म हो जाएँ तो बहुत तकलीफ देती हैं। हालाँकि एक लम्बा अरसा गुजर जाने के बाद विस्थापन का दर्द उन रूपों में उपस्थित नहीं होता जैसा तात्कालिक रूप में सामने आता है। स्मृतियाँ जरूर उद्वेलित करती रहती हैं। सम्पर्क खत्म होने के बाद नॉस्टेलजिया के भाव की तीव्रता में भी कमी आती जाती है। अब तो विस्थापितों की तीन पीढ़ियाँ गुजर चुकी हैं। पंजाब और सिन्ध के क्षेत्रों से यहाँ आये शरणार्थियों की 90 प्रतिशत समस्याएँ खत्म हो गयी हैं और वे यहाँ के समाज में घुलमिल गये हैं। उनका पुनर्वास भी ठीक ढंग से हो गया। उन्हें 'दंडकारण्य' नामक जगह पर बसाया गया था। यह क्षेत्र पहाड़ीनुमा-सा था, वहाँ जंगल थे। जबकि ये शरणार्थी ऐसे क्षेत्रों से आये थे जहाँ नदियों का जाल-सा बिछा था, इन लोगों को अन्य समस्याओं के साथ-साथ पर्यावरण के गम्भीर संकट का सामना भी करना पड़ा।

विस्थापन के अनेक रूप सामने आते हैं—मैनेजर पांडे

विस्थापन की प्रक्रिया कई स्तरों पर घटित हुई थी। एक तो बहुत बड़ी संख्या में

जनता का अपनी जमीन, जिन्दगी, संस्कृति और परिवेश से उखड़कर दूसरी जगह, दूसरे देश में जाने और बसने की प्रक्रिया है। दूसरे स्तर पर अपनी ही जीवन-भावना और सोच-विचार के अतीत से टूटकर नये सिरे से चेतना, भावना और बुद्धि के स्तर पर नयी जमीन और परिवेश से जुड़ने की प्रक्रिया है। तीसरे स्तर पर एक ओर स्मृति का बोझ और दूसरी ओर वर्तमान के आतंक के बीच सन्तुलन कायम करने की प्रक्रिया भी है। इन सब बातों पर ध्यान दीजिए तो यह मालूम होगा कि विस्थापन से उत्पन्न समस्याएँ अब भी समाप्त नहीं हुई हैं। वे समस्याएँ जिन्दगी, भाषा और साहित्य को गहरे स्तर पर प्रभावित करती रही हैं और कर रही हैं। इसका प्रमाण आपको हिन्दुस्तान, पाकिस्तान और बांग्लादेश के साहित्य में मिल सकता है। आज के सन्दर्भ को ध्यान में रखें तो विस्थापन के अनेक रूप सामने आते हैं। एक तो विभाजन से उत्पन्न विस्थापन और उस विस्थापन से पैदा हुई समस्याएँ हिन्दुस्तान, पाकिस्तान और बांग्लादेश में अब भी अनेक रूपों में मौजूद हैं और इन देशों की राजनीति तथा संस्कृति को प्रभावित कर रही हैं।

बँटवारा बेहद तकलीफदेह था—जोगिन्दर पाल

मुल्क का बँटवारा बेहद तकलीफदेह था। उस तकलीफ से गुजरकर धीरे-धीरे लोग नये हालात और माहौल के असीर होते गये। व्यक्ति रूप से बँटवारा मेरे परिवार की बेहतरी लेकर आया। जब मैं स्यालकोट में था तो मेरे पुश्तैनी घर नहीं थे। हमलोग किराये की एक कोठरी में सपरिवार रहते थे। पिताजी की दुकानदारी अच्छी नहीं चल रही थी। घर में अभाव बना रहता था। बँटवारे के बाद जब हमलोग दिल्ली आये तो पिताजी दूध का कारोबार करने लगे। कारोबार इस तरह चलने लगा कि मुझे कॉलेज के साथ-साथ पिताजी के कामों में मसरूफ होना पड़ा।

विस्थापन व्यक्तिगत रूप से मेरे परिवार के लिए खुशहाली लेकर आया। घर की आर्थिक स्थिति अच्छी हो गयी। पुराने दिनों की यादें आती हैं जो व्यक्ति की स्मृति से जुड़ी होती हैं। इन यादों से उसे सुकून मिलता है। कोई भी व्यक्ति नये हालात से मुँह नहीं मोड़ सकता। व्यक्ति धीरे-धीरे नये माहौल का अभ्यस्त होने लगता है। विस्थापन के मसले वो नहीं रहे जो आजादी के बाद थे। खासकर भारत में तो लोग नये समाज में इस तरह घुलमिल गये जैसे वे यहीं के अंग हों। खुद मुझे देखिए, मेरा जीवन यहाँ व्यवस्थित है। मेरा बेटा अमेरिका में, वह वहाँ सेटल हो चुका है। इस तरह मेरे बेटे के लिए विस्थापन उसकी बेहतरी के लिए है। वो अमेरिका में रहते हुए यहाँ के घर की बेहतरी के लिए सोचता रहता है।

मुहाजिर या विस्थापितों की समस्या बनी ही रहेगी—महीप सिंह

यहाँ से गये हुए लोग पूर्वी पाकिस्तान, जो अब बांग्लादेश कहलाता है, वहाँ भी वे पूरी तरह राजकाज की भाषा में उर्दू का प्रयोग करना चाह रहे थे, परन्तु बंगाली मुसलमानों को यह स्वीकार नहीं था। पूर्वी पाकिस्तान में इसका बड़ा विरोध हुआ। और मैं समझता हूँ कि पाकिस्तान से पूर्वी भाग के टूटकर अलग होने में इस भाषा का भी बहुत बड़ा योगदान था। हालाँकि पाकिस्तान में अब वहाँ की स्थानीय भाषा के प्रति आग्रह धीरे-धीरे बढ़ रहा है। विस्थापित लोग अगर वहाँ के समाज में समरस नहीं होंगे तो मुहाजिर या विस्थापितों की समस्या तो बनी ही रहेगी।

जख्म फिर ताजा हो जाते हैं—मोहम्मद हसन

मैं तो विभाजन को एक बेइंसाफी मानता हूँ। विभाजन को बात छिड़ते ही दिल को तकलीफ पहुँचती है। जख्म फिर ताजा हो जाते हैं। मैं यहीं मुरादाबाद में पैदा हुआ। विभाजन के समय हुए दंगों में मेरे वालिद बुरी तरह जख्मी हो गये थे। हम लोग काफी डरे-डरे से रहते थे। आप कह सकते हैं कि मैं उन लोगों में हूँ। जिन्होंने विभाजन की ट्रेजडी को भोगा है।

हमारी बीच साम्प्रदायिकता एक बड़ी समस्या—असग़र वजाहत

विभाजन के दिनों में पाकिस्तान जानेवाले मुसलमानों के लिए यहाँ दिल्ली में जामा मस्जिद के पास एक कैम्प भी बना था। उस वक्त पंडित नेहरू ने एक दिन मौलाना आजाद को जुमे की नमाज़ के बाद तकरीर करने के लिए भेजा था ताकि मुसलमान भाइयों से अपील की जा सके कि वे पाकिस्तान न जाएँ। आखिर वे वहाँ जाकर क्या कहलाएँगे? यह बात आज सही साबित हो रही है। मुहाजिर कहे जानेवाले लोग आज भी पाकिस्तान समाज में खप नहीं पा रहे हैं। किसी भी नये समाज में खपने के लिए वहाँ की सांस्कृतिक पहचान को अपनाना पड़ता है, जो शायद नहीं हो पाया। पाकिस्तान की राष्ट्रभाषा उर्दू है, परन्तु वहाँ की उर्दू यहाँ से भिन्न है और राजभाषा के रूप में जैसा प्रयोग अँग्रेजी का यहाँ होता है उसी रूप में उर्दू का वहाँ प्रचलन है। गौर किया जाना चाहिए कि जब परवेज़ मुर्शरफ़ बोलते हैं तो कहीं से ऐसा नहीं लगता कि वे पंजाब से ताल्लुक रखते हैं, वे दिल्ली की भाषा में बात करते हैं। यह एक बड़ा फर्क है। राजधानी को कराची से इस्लामाबाद शिफ्ट किये जाने में भी इस भाषा का योगदान रहा है।

अपने यहाँ तो रिफ़्यूजियों की समस्याएँ खत्म हो गयी हैं। सिर्फ एक समस्या बची है कि लोगों को वहाँ जाने का मौका मिलना चाहिए। अभी हाल में ही कृष्ण बलदैव वैद, जो अब अस्सी वर्ष के हो चले हैं, ने कहा है कि वे एक बार अपने

पैतृक गाँव जाना चाहते हैं, पर वीज़ा ही नहीं मिल पा रहा है। ऐसी स्थिति वहाँ भी है। दोनों देशों की सरकारों को चाहिए कि वे एक ऐसा कानून बनाएँ जिसे दोनों देशों के लोग, जो अपना पैतृक गाँव देखना चाहते हैं उन्हें आसानी से वीज़ा मिल सके। इंग्लैंड और फ्रांस के बीच दो-तीन सौ सालों से दुश्मनी थी। अब अपने बॉर्डर को सॉफ्ट बार्डर बना दिया है। जिसे भी आना-जाना हो पासपोर्ट दिखाए और चला जाए, हमें भी अपने बॉर्डर को सॉफ्ट बनाने की जरूरत है। पार्टीशन पर हिन्दी की अपेक्षा उर्दू में ज्यादा लिखा गया है। विभाजन से हिन्दीभाषी क्षेत्र उतना प्रभावित नहीं हुआ था जो लेखक वहाँ से आये उनकी भाषा उर्दू थी। मैनपुरी, जबलपुर, लखनऊ जैसी जगहों के हिन्दी लेखकों को विभाजन का अनुभव नहीं था, इसलिए उन्होंने नहीं लिखा। हमारी बीच साम्प्रदायिकता एक बड़ी समस्या रही है, उस विषय पर पहले भी काफी कुछ लिखा गया और आज भी लिखा जा रहा है।

विस्थापित हमेशा विस्थापित ही रहता है—मंगलेश डबराल

हमारे उपमहाद्वीप में राजनैतिक आजादी के साठ वर्ष तथा विभाजन और विस्थापन के भी साठ वर्ष हैं। इससे बड़ी विडम्बना क्या हो सकती है कि हमें आजादी की खुशी और बँटने-बिछुड़ने की तकलीफ साथ-साथ मिली और भारत-पाक बँटवारे की भयानक त्रासदी के बाद बँटना, बिछुड़ना, उजड़ना, दर-ब-दर होना, रोजी-रोटी की तलाश में भटकना, विकास के पूँजीवादी ढाँचे के नतीजे में विस्थापित होना, अपने घरों-खेतों को डूबे हुए देखना, अपनी सांस्कृतिक जड़ों और अपनी अस्मिता से कटना और तरह-तरह की हिंसा में अपनी तबाही झेलना जैसे हमारी नियति बन गया है। सच यह है कि एक बर विस्थापित हुए मनुष्य या उसका समाज फिर कहीं इस तरह नहीं बस पाता, वह हमेशा विस्थापित ही रहता है और भौतिक ही नहीं मानसिक और संवदेनात्मक स्तर पर बहुत कुछ सदा के लिए खो चुका होता है।

सामूहिकता में अपने वर्गीय हितों को पहचानें—इम्तियाज़ अहमद

आज हमारी गाँधी के प्रति जो भी प्रतिक्रियाएँ हों, गाँधी को इस बात की समझ तो थी कि हिन्दुओं और मुसलमानों का जो इलीट क्लास है, स्वयं बहुत ज्यादा धार्मिक न होने के बावजूद धर्म को सहारा बनाकर अपने वर्गीय हितों की सुरक्षा के लिए विभाजन चाहता है। गाँधी की निरन्तर कोशिश रही कि हिन्दू और मुसलमान अपने को एकांगी समुदाय के रूप में न देखें बल्कि सामूहिकता में अपने वर्गीय हितों को पहचानें और उसके आधार पर राजनीति खड़ी करें, ताकि विभाजन की आवश्यकता न हो। दुर्भाग्य की बात यह है कि हिन्दुओं के एक बड़े वर्ग ने गाँधी की सोच को नकारा तो दूसरी तरफ मुसलमानों के एक वर्ग ने गाँधी को समझने की कोशिश ही

नहीं की। अन्ततः विभाजन हुआ और कुल मिलाकर यही कहा जा सकता है कि विभाजन पर आक्रोश होने के बावजूद आज सभी विभाजन को स्वीकार करते हैं। विभाजन की एक ख़ुसूसियत यह होती है कि वो शुरू में असम्भव दिखाई देती है, लेकिन हो जाने के बाद उन्हें स्वीकार कर लिया जाता है। (दोआबा से साभार)

युद्ध : एक निष्कृति—कैलाश वाजपेयी

कोई भी देश केवल तब तक शान्तिवादी रह सकता है जब तक कि उसकी शक्ति का संक्रान्त बिन्दु नहीं आता। संक्रान्त बिन्दु आने पर उसकी स्थिति बे-सँभाल हो जाने के लिए विवश होती है। वह आक्रान्त हो जाता है। वह देश चाहे जिस धर्म का अनुयायी हो, उसके नेता चाहे जितने धर्मभीरु हों, उस देश का इतिहास चाहे जितना आदर्शयुक्त रहा हो—शक्ति के चरमबिन्दु पर पहुँचने के पश्चात् उसका बर्बर हो जाना स्वाभाविक है। यह सत्य है कि आज का युद्ध अपनी प्रकृति में सर्वध्वंसी बन चुका है किन्तु इस सार्वभौमिक नियम के अनुसार कि प्रत्येक वस्तु अपने चरमोत्कर्ष के पश्चात् ह्रासमान होती है यह कहने में कुछ विशेष अतिशयोक्ति न होगी कि युद्ध ही इस बीमारी एवं आत्मविपन्न युग की परिणति है। युद्ध की इस अनिवार्यता के पीछे एक नया कारण आकर और जुड़ गया है जो पूर्ण रूप से मनोवैज्ञानिक है।

क्योंकि आज के व्यक्ति की समस्या एकरसता और ऊब की समस्या है, अतः निर्मानवीकरण की इस प्रक्रिया में जीवन को एक नया मोड़ देने के लिए अथवा दूसरे शब्दों में जीवन की एकरसता भंग करने के लिए एक बहुत बड़े विश्वव्यापी आघात की प्रतीक्षा उन तमाम देशों में जन्म ले चुकी है जो वैज्ञानिक उन्नति के शिखर पर पहुँचते रहे हैं अथवा पहुँचने को हैं। पिछले कई वर्षों से उद्जन बमों से युक्त निरन्तर आकाश में उड़ते वायुयान, वैज्ञानिक उपलब्धियों का विश्व-व्यापी प्रचार और सैद्धान्तिक दृष्टि से भीतर घुमड़ता हुआ घृणा का विशाल समुद्र, सबके सब इस आगत खतरे के सूचक हैं कि सब प्रकार की सुख-सुविधा और ऐश्वर्य में जीता हुआ मनुष्य अपने अहं की तुष्टि के लिए उन समस्त वैज्ञानिक उपलब्धियों का प्रयोग करना चाहेगा जिनके माध्यम से वह विश्व पर अपनी शक्ति की छाप छोड़ सके। किन्तु क्योंकि इन तमाम अधुनातन शास्त्रों का दुष्प्रभाव स्वयं उसके भी अन्त का कारण होगा यही सोचकर वह युद्ध करने से डरता भी है—परन्तु यह स्थिति बहुत दिन तक न रह सकेगी या केवल उसी दिन तक रह सकेगी जब तक शक्ति का संक्रान्त बिन्दु नहीं आया। *(नया ज्ञानोदय, मार्च 1964 से)*

ओम थानवी

फ़ैज़ के कराची में

पाकिस्तान एअरलाइंस के बोइंग में दिलचस्प वामपन्थी जमावड़ा था। दोस्तों में सीताराम येचुरी थे और सदा चुप्पी में सहमति से ज्यादा असहमति जतानेवाले 'सहमत' के राजेन्द्र प्रसाद थे। इप्टा के अध्यक्ष ए.के. हंगल थे। साथ में नेता-अभिनेता राज बब्बर और अपनी किताबों का बोझ ढो रहे अरुण माहेश्वरी भी। मेरे अलावा सब कराची में आयोजित सज्जाद जहीर जन्मशती समारोह में शिरकत करने जा रहे थे। जहीर भारत में प्रगतिशील लेखक संघ के प्रवर्तक थे। बाद में पाकिस्तान जाकर उन्होंने वहाँ कम्युनिस्ट पार्टी की स्थापना की।

मेरे लिए कराची सिर्फ पड़ाव था। मंजिलें थीं मुअनजोदड़ो, हड़प्पा और तक्षशिला। इनमें हड़प्पा को मित्र... डॉन समूह के मालिक... हमीद हारून ने यह कहकर निकलवा दिया कि सिर्फ जमीं को सलाम करना है तो हो आओ, वरना देखने को अब वहाँ कुछ नहीं। मेरे लिए पाकिस्तान में तरक्कीपसन्द जमात से मिलने का एक मौका हो गया, हालाँकि वहाँ थोड़ी देर के लिए ही जा सका।

कराची के जिन्ना अन्तरराष्ट्रीय हवाई अड्डे पर समारोह के कार्यकर्ता ही नहीं, शहर के नेता और कुछ पाकिस्तानी फिल्म अभिनेता भी आये हुए थे। वे राज बब्बर को लिवाने आये थे। बब्बर समारोह के ख़ास मेहमान थे। उनका विवाह सज्जाद जहीर की बेटी नादिरा से हुआ है। शायद इसी हवाले से आये हों। बुलाया इसलिए गया होगा कि भारत के फिल्मी सितारों की कद्र पाकिस्तान में देवताओं की तरह है। हिन्दी फिल्में पाकिस्तान में भारत से ज्यादा लोकप्रिय हैं, इसके बावजूद कि सिनेमाघरों में वे दिखाई नहीं जा सकतीं।

हवाई अड्डे के बाहर बब्बर का जलवा था। कामरेड राज बब्बर जिन्दाबाद के नारों के बीच पत्रकारों और कैमरेवालों ने सीतराम येचुरी—जो जलसे के मुख्य अतिथि थे... और नब्बे वर्षीय ए.के. हंगल (अब दिवंगत) को किनारे धकेल दिया। हालाँकि बब्बर ने लाउंज में हंगल 'चाचा' के पाँव छुए थे। बब्बर के वहाँ से जाते ही भीड़ और पुलिस दोनों छँट गये; पार्टी के कार्यकर्ताओं ने येचुरी और हंगल को

ढूँढ़कर माला पहनाई। एक माला मेरे हिस्से भी आ गयी। मान न मान मैं तेरा मेहमान इसे ही कहते हैं।

हम मंसूर सईद (अब मरहूम) के जिम्मे थे। वे पाकिस्तान कम्युनिस्ट पार्टी की केन्द्रीय समिति के सदस्य हैं। विमान में मैं येचुरी से मज़ाक़ कर रहा था कि आपको छोड़कर हमारे साम्यवादी मुख-मुद्रा में रुआँसे-से क्यों रहते हैं। और यहाँ मंसूर सईद का मिजाज इतना अलमस्त था कि देर तक वे हमें, बगैर किसी अफसोस के, असबाब सहित पार्किंग में घुमाते रहे। कतार में खड़ी हर कार की पीठ पर अपनी रिमोटवाली चाबी का निशाना साधते, बटन दबाते और बुदबुदाते... नहीं यह नहीं है! सफर के बाद ऐसी निरर्थक तफरीह के लिए कोई तैयार न था। नया परिचय था, फिर भी हिम्मत करके मैंने पूछा, माजरा क्या है? बोले—अजी कोई मसला नहीं है, कार कहाँ रखी थी यह भूल गया हूँ। अपनी कार नहीं पहचान पा रहे हैं? मैंने हैरानी प्रकट की। वे बोले—अपनी कहाँ, आप हजरत की पेशकदमी के लिए किसी की माँग कर लाया हूँ!... बहरहाल, एक कार अचानक खुल गयी। हम खुश और हैरान। थोड़े संशयग्रस्त भी। सभी भावों का मिश्रित सवाल मुँह से निकला—वही है न? बेफिक्र और तसल्ली भरा एक ही जवाब—कोई मसला नहीं है जनाब!

मगर मसला अभी बाकी था। बाहर के दरवाजे पर पहुँचे तो पता चला मंसूर भाई की जेब में रखी पार्किंगवाली पर्ची कहीं खो गयी है। पीछे कारों के हॉर्न बज रहे थे। पार्किंग का द्वारपाल खीझकर बोला, आपकी ही कार है? उन्होंने प्यार से कहा, नहीं। मेरी नहीं है। मगर पर्ची मेरे पास जरूर थी। अचानक कुछ सोचकर उन्होंने अपना रूमाल जेब से निकाला और जादूगर की तरह हवा में ऐसा फटका लगाया कि पर्ची पार्किंगवाले के कदमों में जा गिरी। हमसे ज्यादा वह मुतमईन जाहिर हुआ। मंसूर साहब ने गाड़ी आगे बढ़ा दी, "अब कोई मसला नहीं...।"

पाकिस्तान में आपको यह 'मसला' शब्द कई अर्थों में सुनने को मिलेगा, भाषा के झमेले में चाहे आपकी दिलचस्पी हो या नहीं। मुद्दा, बात, दिक्कत, हकीकत वगैरह के अर्थ में कोई दर्जन भर प्रयोग मैंने इस 'मसले' में वहाँ देखे। दूसरा एक प्रयोग जो बरबस हमारा ध्यान खींचता है, वह है देखिए-आइए-तशरीफ रखिए जैसे जुमलों की जगह देखें—आएँ-तशरीफ रखें का इस्तेमाल। अपवाद के बतौर, बेहद आदर के इजहार में आइए—बैठिए भी बोल लिया जाता है। 'हवाले से' जुमला भी पाकिस्तान में ज्यादा इस्तेमाल होता है और भारत से अलग तर्ज में होने के कारण हमारा ध्यान बँटाता है। मगर इस तरह के छोटे-मोटे फर्क आप छोड़ दें और थोड़ी सूझ बरतते हुए 'राजनीति' की जगह 'सियासत' बोलने लगें तो जब तक आप न बताएँ पाकिस्तान में लोग आपको 'पराए' मुल्क का नहीं मानेंगे! आप हिन्दी बोलें, वे कहेंगे माशाअल्लाह आपकी उर्दू बहुत उम्दा है। उन्हें क्या मालूम कि जब

तक बाजार में खड़े रहें और साहित्य और अकादमीय हलकों की जद में या पंडित-मौलवियों के कारोबार में न दाखिल हों, हिन्दी और उर्दू जुदा नहीं होती हैं।

कराची पहुँचकर जब सब थकी आँखों से शहर की ढलती शाम निहार रहे थे, एके हंगल की आँखों में अजीब चमक थी। उन्होंने सत्तावन साल बाद कराची में कदम रखा था। एअरपोर्ट की ठीक नाक पर तने मैकडोनल्ड्स के 'एम' को देख कर चौंके। पुराने वामपन्थी ठहरे। एक मेजबान ने तपाक से कहा, हैरान न हों, आपके यहाँ (भारत में) ये (अमरीकी) बाद में पहुँचते हैं, हमारे यहाँ पहले आ धमकते हैं। हंगल मैकडोनल्ड्स भूल गये। बहुत भोले अन्दाज में पूछने लगे, आप मुझे जानते हैं? आपको कौन नहीं जानता, शोले तो मैंने बीस बार देखी होगी, जवाब मिला। 'अरे मैंने बड़ी मेहनत की थी, उस एक दृश्य के लिए', और हंगल उस फिल्म का संवाद सुनाने लगे।

उनका पूरा नाम अवतार कृष्ण है। दो सौ फिल्मों में काम कर चुके चरित्र अभिनेता को हवाई अड्डे पर लोग पहचानें, यह स्वाभाविक ही है। दिल्ली हवाई अड्डे पर भी ऐसा ही हुआ था। तब टीवी नहीं था और लोग अभिमान, नमकहराम या शोले जैसी फिल्में कई बार देखते थे। लेकिन कम से कम उत्तर भारत में उनके असल रंगकर्मी रूप की लोगों को खास जानकारी नहीं है। रंगमंच से उनकी अटूट प्रतिबद्धता है। वे पैंसठ साल से इप्टा में सक्रिय हैं।

हंगल उन इने-गिने लोगों में थे जो बँटवारे के बाद पाकिस्तान में ही रहना चाहते थे। पेशे से वे दर्जी थे। सियालकोट में अपनी दुकान बन्द कर कराची आ बसे। यहाँ उन्होंने नाटक किये। पहले काँग्रेसी थे, बाद में कम्युनिस्ट पार्टी के सदस्य होकर एटक में सक्रिय हो गये। उन्होंने बताया कि बँटवारे के चार महीने बाद इप्टा के अहमदाबाद अधिवेशन में वे सिर्फ भाग लेने भारत आये और कराची लौट गये। यहाँ कुछ पार्टी कार्यकर्ताओं के साथ उन्हें गिरफ्तार कर लिया गया। डेढ़ वर्ष जेल में रहे। सज्जाद जहीर की सलाह पर हंगल एक दरख्वास्त के सहारे कराची छोड़कर मुम्बई आ गये।

तब से कई बार उन्होंने यहाँ आने का मंसूबा किया। दो बार कार्यक्रम बन गया। पर शिव सेना ने हल्ला कर उन्हें रुकवा दिया। देशद्रोही कहकर अपमानित किया, तोड़फोड़ भी की। हंगल बोले, इन शैतानों से लोग इतना डरते हैं कि कुछ समय के लिए फिल्मों में काम तक मिलना बन्द हो गया। अब पहली बार कराची लौटे हैं तो उनकी पूरी काया में एक सुखद खुदबुद है। कराची की स्मृति वे अपनी हथेलियों के बीच बड़े प्यार से सहेजे हुए हैं। एक लिफ़ाफ़ा है। उसमें क्या है? नाटक 'प्रायश्चित' की तस्वीर। गाँधी जी की छुआछूत विरोधी मुहिम की प्रेरणा से यह नाटक उन्होंने सत्तर साल पहले कराची में खेला था।

आर्ट काउंसिल—जहाँ 'सज्जाद जहीर समारोह' का उद्‌घाटन था—से लौटकर सारी रात हंगल हमें कराची के संस्मरण सुनाते रहे। सुबह के तीन बजे जब येचुरी और मैं दोनों उठ खड़े हुए, तब जाकर उन्होंने भी जम्हाई ली। हंगल के जीवट और कार्यकलाप पर येचुरी इतने फिदा थे कि दिल्ली लौटकर उन्होंने उनके लिए पद्मभूषण की कारगर सिफारिश की। घोषणा होने पर मैंने मुम्बई फोन कर उन्हें बधाई दी तो हंगल बोले, मैं न कहता था कि कराची में कुछ है!

क्या मंसूर सईद और ए.के. हंगल की मस्ती में कोई साम्य है? यह जिंदादिली क्या कराची की फितरत में है? लालकृष्ण आडवाणी के चेहरे की तरफ मत देखिए। वे अपवाद होंगे। पर क्या उनमें भी पिछले साल कराची की विवादग्रस्त यात्रा में विनोद नहीं जागा था, जब उन्होंने कहा कि ठीक से देखें मेरे सिर पर सींग नहीं हैं!

अरब की खाड़ी के तट पर बसा कराची पाकिस्तान के चार सूबों में एक सिन्ध की राजधानी है। बाकी तीन सूबे हैं पंजाब, बलूचिस्तान और उत्तर-पश्चिमी फ्रंटियर। बँटवारे के बाद कराची नये मुल्क की राजधानी बना। यह मुहम्मद अली जिन्ना (सिन्ध में उच्चारण जिनाह) का शहर था। बारह साल बाद धुर उत्तर में, रावलपिंडी के पास मारगला पहाड़ियों की तलहटी में, नयी राजधानी इस्लामाबाद को आबाद किया गया।

कराची ज्यादा पुराना शहर नहीं है। मुगल सल्तनत की तरफ खिड़की खोलनेवाली यहाँ कोई मस्जिद या मकबरा नहीं है। डेढ़ सौ साल पहले यहाँ तीन टापुओं पर सिर्फ मछुआरों की झुग्गियाँ हुआ करती थीं। अँग्रेजों ने शहर बसाया। शुरू में कराची मुम्बई के अधीन था। बाद में हैदराबाद की जगह यह सिन्ध की राजधानी बना। सिन्ध व्यवसाय का गढ़ तो सिन्धु घाटी सभ्यता के दौर में चार हजार साल पहले भी था। यहाँ से सूत बाहर जाता था। समझा जाता है कि सूती कपड़े के लिए ग्रीक शब्द 'सिंदोनियन' और लैटिन 'सिंदोन' का स्रोत 'सिन्ध' रहा होगा। सिन्ध की राजधानी बनने के बाद कराची बड़ा बन्दरगाह बना और प्रान्त के ज्यादातर बड़े व्यवसाय और उद्योग यहाँ कायम हो गये।

आज भी कराची पाकिस्तान का सबसे बड़ा शहर है। कोई पौने दो करोड़ उसकी आबादी है। उसे मुल्क की आर्थिक राजधानी कहा जाता है और मुम्बई से तुलना की जाती है। इस वजह से भी कि अँग्रेजी वास्तुकला के बँगले, ऊँचे गोल खम्भों पर टिकी इमारतें, गॉथिक भव्यतावाले चर्च, बैंक और रेलवे स्टेशन यहाँ भी इफरात में हैं। लेकिन शहर के खानदानी बाशिन्दे उदास हैं और शहर को अब बरबाद दशा में पहुँचता बताते हैं। वे मानते हैं कि बँटवारे के बाद भारत की तरफ से ही नहीं, मुल्क के भीतर से लाखों लोग—कुछ रोजगार और कुछ नयी राजधानी के आकर्षण

में—यहाँ आ बसे। यह बोझ शहर बर्दाश्त नहीं कर पाया। लिहाजा शहर के पुराने रुतबे की दास्तान किस्सों-किताबों की चीज हो गयी। सिन्ध सूबे की शिक्षा मन्त्री डॉ. हमीदा खुहरो कहती हैं कि बँटवारे के दस साल तक कराची की महिमा कायम थी। मगर मुल्क की आर्थिक धुरी बन जाने के बाद मुश्किलें बहुत बढ़ीं। धीमे-धीमे लोगों के चेहरों पर स्वाभाविक हँसी की जगह ओढ़ी हुई मुस्कान आ गयी और बाद में वह गायब ही हो गयी!

इस सबके बावजूद मुझे कराची मुम्बई के मुकाबले बेहतर शहर लगा। एक तो इसलिए कि उसमें अभी भी मुम्बई जितना भीड़-भड़क्का और शोर नहीं है। उसकी बसावट खुली है और सड़कें चौड़ी हैं। दूसरे, पूरे शहर में जहाँ जाएँ, आसमान दिखाई देता है। यानी ऊँची बहुमंजिली इमारतों का जमघट नहीं है। हबीब बैंक और कुछ होटल ही बड़े हैं। मगर वे डराते नहीं हैं। छोटी इमारतें, जहाँ कहीं हों, सुन्दर तो लगती ही हैं, उनके बीच आदमी का कद भी बना रहता है। कराची के सागर तट भी साफ-सुथरे और सुव्यवस्थित हैं। रात को क्रिकेट मैदानों जैसी रोशनी उन पर बिखेरी जाती है। सबसे अहम बात यह कि कारखानों के धुएँ ने आसमानों को बहुत मैला नहीं किया है।

हमीद, जिनके दादा के नाम पर कराची के बीचोबीच एक लम्बी 'अब्दुल्ला हारून रोड' है, शहर के बारे में इस राय में एक दूसरा आयाम जोड़ते हैं—''कराची से मेरा लगाव लाहौर के लोगों की तरह नहीं है जो एक अकीदे (आस्था) की तरह अपने शहर से मुहब्बत रखते हैं। कराची मुझे पसन्द है क्योंकि इसमें एक अन्दरूनी इंजिजाब है जो शहर की पहचान पर पड़नेवाली हर चोट का मुकाबला करता है। यहाँ की बदरंग चाल के घरों में भी एहतिजाज (प्रतिरोध) का जज्बा भीतर कहीं गहरे मौजूद है।''

हंगल हमीद की राय से इत्तफाक रखते हैं, भले उनके जमाने के कराची से शहर का रंग-रूप, स्वाभाविक तौर पर, बदल गया है। अब पाकिस्तान का यह सबसे आधुनिक शहर कहा जाता है। पैसा है तो आधुनिक भी होगा ही। विदेशी कारें हैं। रेस्तराँ शाम को खचाखच भरे रहते हैं।

कराची बाजारों का शहर है। सदर बाजार, सर्राफा बाजार, जायनाब बाजार, बोहरी बाजार, बर्तन गली। और बाजारों में हरदम जैसे ईद की रौनक। बाजार रात ग्यारह बजे तक खुले रहते हैं। खरीदारों के रंग-बिरंगे परिधान। बुर्कों की बाढ़ यहाँ नहीं है। मानो चलन से उठ रहे हों। औरतें पतलून कम पहनती हैं, पर फैशन में सलवार के पायंचे को वे टखने से ऊपर ले आयी हैं। पुरुषों के सलवार-कमीज के 'सूट' जो पूरे मुल्क में घर-दफ्तर सब जगह राष्ट्रीय पोशाक की तरह पहने जाते हैं यहाँ कलफ चढ़े मिलेंगे। ऐसा नहीं है कि शहर में गरीबी नहीं। बड़े शोरूम हैं तो

खोमचेवाले भी हैं। मगर भिखारी मुझे एक नहीं दिखा। झुग्गियाँ भी नहीं दिखाई दीं। छावनी की सख्ती इसकी एक वजह हो सकती है।

शहर की बसों पर इंच-दर-इंच भड़कीली पच्चीकारी है। आगे यह कलाकारी आपको पेशावर तक मिलेगी। लेकिन ट्रकों पर।

सदर में कई दुकानें भारत के शहरों के नाम पर हैं। जैसे हमारे यहाँ कराची बेकरी, लहौरियाँ दी हट्टी या पिंडी क्लोथ हाउस है, यहाँ दिल्ली स्वीट्स हाउस, अंबाला स्वीट्स या दिल्ली कबाब हाउस है। दिल्ली स्वीट्स की सीढ़ियाँ चढ़कर हमने 'कराची का हलुआ' माँगा। हालाँकि उसे चबाना एक कभी खत्म न होनेवाली मशक्कत लगता है। सदर में कभी एक कॉफी हाउस भी आबाद था। लेकिन जैसे हमारे यहाँ उनके दिन लदे, यहाँ भी वे तरक्की की भेंट चढ़ गये हैं।

सबसे दिलचस्प बात यह लगी कि यहाँ हर कोई नफीस उर्दू बोलता दिखाई पड़ता है। इसकी बड़ी वजह यह है कि कहने को कराची सिन्ध की राजधानी है, जबकि बड़ी आबादी मुहाजिर (भारत से गये मुसलमान), पख्तून, बलोच और पंजाबी समुदाय की है। वे संपर्क भाषा के बतौर उर्दू ही बोलते हैं। 1971 में उर्दू के मुद्दे पर पूर्वी पाकिस्तान बांग्लादेश बन गया तो सिन्ध में अलग जोश चढ़ा। सिन्ध की असेम्बली ने एक बिल पास कर सिन्धी भाषा को सूबे की राजकीय भाषा करार दे दिया। इसके खिलाफ दंगे भड़क गये। पाकिस्तान कम्युनिस्ट पार्टी के महासचिव इमदाद काजी बताते हैं कि 'जंग' अखबार में रोज काले हाशिए में एक तर्जिया नारा छपता था जो बहुत मशहूर हुआ, "उर्दू का जनाजा है, जरा धूम से निकले।" सरकार ने बाद में सिन्ध असेम्बली का वह कानून रद्द कर दिया।

"मगर कराची से बाहर निकले ही आपको सिन्धी जुबान ही सुनाई पड़ेगी।" काजी बोले। वे खुद लाड़काणा के हैं। उनकी उर्दू में सिन्धी की लोच और सुगन्ध है। पाकिस्तान में भारत की तरह बिखरी हुई कम्युनिस्ट पार्टियाँ नहीं हैं। बरसों की पाबन्दी और बीच-बीच में छुका-छिपी भरी सक्रियता के बाद वहाँ पार्टी में जान फूँकी गयी है। भारत के बारे में व्याप्त गलतफहमियों को जो अनन्त हैं दूर करने में पार्टी ने बड़ी भूमिका निभाई है।

उन्होंने बताया कि पाठ्यक्रमों में यहाँ गाँधी जी समेत किसी बड़ी भारतीय हस्ती की शख्सियत के बारे में नहीं पढ़ाया जाता है। भारत के बारे में सिर्फ दो बातें निसादी कुतुब (पाठ्य-पुस्तकों) में हैं, एक तो यह कि जंगे-आजादी में पाक के तरफदार मुसलमान नेता कौन थे और दूसरी यह कि मुसलमानों के साथ वहाँ भारी ज्यादती हुई।

हमारे यहाँ भी पाकिस्तान के बारे में जानकारी कहाँ दी जाती है, मैंने कहा। पता नहीं कितने लोगों को मालूम होगा कि आपके यहाँ कितने सूबे हैं। जब दिल्ली

से चला तो एक मित्र ने सकपकाते पूछा था, तक्षशिला क्या उधर है?

मैंने काजी साहब को बताया, मैं गाँधी जी का मुरीद हूँ। वे बोले, पाकिस्तान के सभी कम्युनिस्ट गाँधी जी का बहुत एहतराम करते हैं। मैंने छेड़ की—मेरा बस चले तो गाँधी और मार्क्स के हाथ मिलवाकर आगे चलने को कहूँ और हम उनके पीछे हो लें। काजी हँस पड़े। बोले, गाँधी जी के नीचे के तबके की माली हालत सुधारने के लिए कुछ और किया होता तो और अच्छा रहता। मैंने कहा, याद रखिए अभी आपके यहाँ पाठ्य-पुस्तकों में संशोधन होना बाकी है। आपकी जानकारी अधूरी है। गाँधी जी सबको साथ लेकर चलते थे, पर दिल में पीड़ा गरीब और दलित के लिए थी। हमने उन्हें अपना राष्ट्रपिता ठहराकर गलती की। उनकी नीति समूचे उपमहाद्वीप की रोशनी बन सकती थी। मार्क्स का दर्शन आर्थिक है। गाँधी जी का दर्शन समग्र जीवन का है। मगर अब पाकिस्तान में उन्हें लोग सिर्फ भारत का रहनुमा मानकर भूल जाएँगे।

काजी बोले, भारत का नहीं हिन्दुओं का—यहाँ यही तो गलतबयानी है। लेकिन हम (पार्टी के लोग) जानते हैं कि गाँधी जी ऐसे नहीं थे। इस तरह की गलतफहमियों को हम दूर करने की कोशिश करते हैं। यहाँ यह भी माना जाता है कि भाजपा की तरह काँग्रेस भी हिन्दुओं की पार्टी है, जबकि हमें मालूम है कि ऐसा नहीं है।

मैंने विनय से कहा, असल में यह बात सबसे पहले खुद कायदे-आजम जिन्ना ने कही थी। स्टेनली वोलपर्ट की लिखी जिन्ना की जीवनी जिन्ना ऑफ पाकिस्तान—जो पाकिस्तान में बेहद लोकप्रिय है—में दस्तावेजों के हवाले से यह दर्ज है कि 1945 में शिमला में वैवेल प्रस्ताव पर मौलाना आजाद से झड़प करते हुए जिन्ना ने मुस्लिम लीग के बरक्स काँग्रेस को हिन्दुओं की पार्टी ठहराया था।

काजी बोले, मैंने वोलपर्ट की किताब अब तक नहीं पढ़ी है। पर जिन्ना साहब ने ऐसा कहा होगा, इसमें शक की मेरे नजदीक कोई वजह नहीं।

इमदाद काजी इस बात से भी सहमत थे कि भारत और पाकिस्तान के बीच अवाम में दुराव उतना नहीं है। समझ कहीं ठहरी हुई है तो उसकी बड़ी वजह पढ़ाई है। पाठ्य-पुस्तकों पर पर्दा पड़ा है और इतिहासकारों की आँखों पर रंगदार चश्मा चढ़ा है। हुक्मरान है कि भारत-पाकिस्तान के बीच बुझे मन से सही, बस-ट्रेन तो चलाते हैं पर अखबार, पत्रिकाएँ और टीवी चैनल इधर से उधर नहीं जाने देते। समझ बढ़े कैसे। दोनों तरफ पूरी पीढ़ी अँधेरे में बड़ी हुई है। अगली पीढ़ी की तालीम में भी क्या यही नाइंसाफी होगी?

मंसूर सईद अपनी अलमस्त फितरत में दिलचस्प, मगर अहम, जानकारी सामने लाये। बोले, महाराजा रणजीत सिंह ने लाहौर में हुकूमत की थी और गुरु

नानक की पैदाइश ननकाना साहब की है जो पाकिस्तान में है; मगर हमारे यहाँ बच्चे किसी सरदार को देखकर चौंक जाया करते थे। उन्हें पता ही नहीं था सिख कौम का। हम पढ़ाएँ-बताएँ, तब जानें न!

इस पर मुझसे एक वाकया बयान किये बगैर रहा नहीं गया। इसे पूर्व विदेश राज्यमन्त्री (अब दिवंगत) दिग्विजय सिंह ने सुनाया था। जनरल मुशर्रफ जब दिल्ली आए तब दिग्विजय सिंह मेहमान राष्ट्रपति के साथ तैनात थे। जब वे मुशर्रफ को राजघाट ले जा रहे थे, कार तीस जनवरी मार्ग से गुजरी। अपने जन्म के शहर को कुतूहल से निहारते मुशर्रफ ने राह का नामपट्ट देखकर पूछा, क्या यहाँ कैलेंडर की तारीखों पर भी सड़कों के नाम होते हैं? 'मिनिस्टर ऑन ड्यूटी' दिग्विजय सिंह ने उन्हें सहज भाव से बताया कि तीस जनवरी को यहाँ पर महात्मा गाँधी को मार दिया गया था, इसलिए इस सड़क का नाम पड़ा। पल भर सोचकर जनरल मुशर्रफ ने पूछा, उनका (गाँधी जी) कत्ल गोली से हुआ था या चाकू से?

इस वाकये को सुनकर काजी साहब और मंसूर सईद ही नहीं, वहाँ मौजूद हर शख्स हैरान हुआ। मैंने कहा, ज्यादा हैरान न हों। भारत में भी बहुत-से लोगों को नहीं मालूम होगा कि जब जिन्ना साहब को, सेहत पूरी तरह बिगड़ जाने पर, पर्वतीय स्थल जियारत से कराची लाया गया तो उनकी एम्बुलेंस फ़ौजी हवाई अड्डे से शहर के बीच 'खराब' हो गयी थी। कायदे आजम मुल्क के गवर्नर जनरल (राष्ट्रपति) थे। देर बाद कराची से दूसरी एम्बुलेंस गयी और उन्हें अस्पताल लायी तब तक वे मौत के बहुत करीब पहुँच चुके थे। मैंने कहा, हमारे यहाँ इसकी बात भी नहीं होती है कि आपके पहले वजीरे आजम लियाकत अली का कत्ल क्यों और कैसे हुए था।

काजी बोले, आम आदमी के मालूमात की बात और है; एक मुल्क के प्रेसीडेंट को तो खबर होनी चाहिए कि महात्मा गाँधी जैसी शख्सियत कैसे शहीद हुई थी।

काजी की इसी साफगोई का मैं कायल हुआ। उनसे जब-तब अब भी फोन पर बात होती है। मौलाना आजाद की इंडिया विन्स फ्रीडम उन्होंने पढ़ी है। मैंने उन्हें डॉक्टर लोहिया की किताब गिल्टी मेन ऑफ इंडियाज पार्टीशन (भारत विभाजन के गुनहगार) भिजवाने का वादा किया है जो मौलाना की किताब पर तफसरा है। किसी किताब की इससे बेहतर आलोचना मैंने अब तक नहीं पढ़ी है।

हमीद हारून का यों भी एहसानमन्द रहता। खुली जीप में मुझे कराची घुमाया, अपनी माँ से मिलवाया, निजी संग्रह के बेशक़ीमती चित्र खासकर सूजा का काम—दिखाया, 'डेथ इन वेनिस' और 'स्नो फॉलिंग ऑन सीडार्स' जैसी फिल्में खरीदवाईं। 'डॉन'—जो अखबार ही नहीं, एक संस्था है—के सहयोगी पाकिस्तान में हर शहर-कस्बे में मेरे सत्कार को तत्पर रहे।

मगर हमीद ने मुझे निहाल किया फ़ैज़ अहमद फ़ैज़ की आवाज में अजीम शायर की चालीस रचनाओं की रेकार्डिंग देकर। ग़ज़लें, नज्में, कतआत, दुआ और एक तराना। जैसे इतना काफी न हो, उस्ताद बरकत अली खाँ से लेकर नवोदित हदीका कियानी तक की गायी फ़ैज़ की तीस रचनाओं की तीन रेकार्डिंग और।

फ़ैज़ की आवाज में उनकी शायरी की रेकार्डिंग हमीद हारून को कहाँ हाथ लगी? उनके अपने घर में! हमीद की बुआ डॉ. शौकत हारून से फ़ैज़ को प्रेम था। फ़ैज़ 1964 में कराची आ गये थे। वे यहाँ हमीद के दादा के नाम पर स्थापित सर अब्दुल्ला हारून कॉलेज के प्रिंसिपल थे और हारून यतीमखाने का काम-काज भी देखते थे। यहाँ वे 1972 तक रहे। घर और समूह से फ़ैज़ के इस जुड़ाव को 'डॉन' ने इन रेकार्डिंग की सीडी तैयार करवा कर अनूठी श्रद्धांजलि दी है। संकलन में गाई गयी सभी रचनाओं को उर्दू, उनके रोमन लिप्यान्तर और अँग्रेजी अनुवाद के साथ एक निहायत खूबसूरत पुस्तिका के रूप में छपवाया भी गया है।

शायरी को शायर की अपनी आवाज में सुनना रस का अनुभव ही नहीं है, वह कहे गये के मर्म तक पहुँचने का भरोसेमन्द रास्ता है। इसलिए अपने में यह एक खास अहसास नहीं, खुशकिस्मती भी है। कवि को आमने-सामने सुन सकें तो कहना ही क्या। वरना टेप पर सुनना भी कोई मामूली बात तो नहीं!

हारून हवेली में डॉ. शौकत को—जिनके नाम पर अब कराची का सरकारी अस्पताल है—फ़ैज़ अपनी रचनाएँ सुनाते थे। कुछ ग़ज़लें फ़ैज़ ने डॉ. शौकत को लेकर लिखी हैं, ऐसा माना जाता है। वे डॉक्टर को 'मसीहा' कहकर पुकारते थे। अरशद महमूद के मुताबिक 'गुलों में रंग भरे बादे-नौबहार चले' डॉ. शौकत के लिए लिखी ग़ज़ल है। अगस्त, 1968 में जब शौकत चल बसीं और रावलपिंडी में होटल फ्लैशमेन्स में फ़ैज़ को यह खबर दी गयी तो उन्होंने कमरा भीतर से बन्द कर लिया। वे तभी बाहर निकले जब डॉ. शौकत पर एक मर्सिया लिख सके : चाँद निकले किसी जानिब तेरी जेबाई का, रंग बदले किसी सूरत शबे-तनहाई का। अरशद कहते हैं कि उर्दू में यह सबसे मार्मिक मर्सियों में एक है। इस मर्सिये को पढ़ते वक्त बरबस मुझे गालिब का मर्सिया याद हो आया, जो उन्होंने अपने दत्तक पुत्र की असमय हुई मृत्यु पर लिखा था।

डॉ. शौकत हारून के घर में भले मैं इस प्रसंग में कोई बात छेड़ने का साहस नहीं जुटा पाया, लेकिन हमीद हारून ने घर की जो रेकार्डिंग दीं, उसमें फ़ैज़ को अपनी रचनाएँ पढ़ते हुए सुनना मेरे लिए उनकी दुनिया में जैसे फिर से दाखिल होने का अनुभव था। मानो किसी गुफा की देहरी पर वे खुद आपको लिवा रहे हों; और फिर धीरे-धीरे अपनी आवाज की लालटेन से हर इबारत को इतना रोशन करें कि आगे आपको भीतर और बाहर दोनों आँखों से आप दिखाई देने लगे।

जाने किसने कब कहा था कि फ़ैज़ लिखते अच्छा थे, पर बुरा पढ़ते थे। मुझे यह रेकार्डिंग सुनते हुए ऐसा नहीं लगा। यह जरूर है कि वे—इक्की-दुक्की कविता छोड़कर—बहुत चाव से नहीं पढ़ते। मगर इसीलिए मजमेवाली नाटकीयता उनसे कोसों दूर रहती है। वे अपनी कविता सुनाते नहीं गुनगुनाते, बारहा बुदबुदाते प्रतीत होते हैं। अनमने, बेतकल्लुफ। बताते हैं, सिगरेट—जो वे एक पर दूसरी पीते थे—सुलगाने के लिए अच्छे-खासे मिसरे को बीच में छोड़ देते थे। जैसे हमारे बीकानेर की अल्लाहजिलाई बाई करती थीं : माँड में कोई सुर अचानक आसमान पर पहुँचाकर वहीं टांक देतीं : कभी जाकर वापस उतार लातीं, वरना अगला बन्द शुरू।

कराची में पता चला कि 'लहू का सुराग' फ़ैज़ की इसी शहर पर लिखी गयी नज्म है। 1965 में अयूब खान के राज में जब मुजाहिर-पठान विवाद चरम पर था, फ़ैज़ ने साम्प्रदायिक हिंसा में मारे गये लोगों को लेकर यह नज्म लिखी थी।

यह भी बताया गया कि महात्मा गाँधी की शवयात्रा में शामिल होने के लिए फ़ैज़ लाहौर से दिल्ली आये थे। इस बात का जिक्र फरीदा सईद ने लन्दन के एक अखबार के हवाले से फ़ैज़ की ग़ज़लों के साथ जारी पुस्तिका में छपे एक लेख में भी किया है।

यहाँ तक निजी पसन्द का मामला है, 'फिराक़' मुझे फ़ैज़ से ज्यादा रास आते हैं। उनके काव्य का फलक व्यापक है और कहन में बारीकी है। उनमें गहराई बहुत है, इसलिए ऊँचाई भी। फ़ैज़ के बयान की खूबी सरलता और सहजता है। उनके दिल के करीब पंजाबी थी। अपनी पत्नी एलिस को 1952 में एक पत्र में उन्होंने लिखा था कि "सोचता हूँ पंजाबी में लिखना शुरू करूँ और देखूँ कि मादरी जुबान में क्या बनता है। उर्दू इतनी अलंकृत जुबान है कि मुझे परेशान करती है।" इस ऊहापोह का ही नतीजा रहा होगा कि फ़ैज़ की भाषा में सजावट नहीं है। हालाँकि उन्होंने पंजाबी में कम, ज्यादातर उर्दू में ही लिखा। शास्त्रीय संगीत की उन्हें गहरी समझ थी। लय और ताल का संयम उनकी नज्मों में भी साफ जाहिर होता है। लिखे हुए शब्दों को उनके मुख से सुनकर इस बात की और सुखद अनुभूति होती है। जैसे वे सीधे दिल से निकलकर आते हों। उनके अनुभव की आँच आपको महसूस होती है। वरना बशीरबद्र जैसे ढेरों शायर आज चाहे जितनी वाहवाही लूटते हों, ओढ़े हुए अनुभवों का असर दिल में नहीं उतरता।

फ़ैज़ में, पाब्लो नेरूदा की तरह, रूमानी और बगावत की शायरी का दिलचस्प मेल है। मुझे उनकी रूमानी शायरी की गहराई ज्यादा छूती है। लेकिन पाकिस्तान जाकर जहाँ फ़ौज के साए में अभी भी वही घुटन है—फ़ैज़ के क्रान्तिकारी तेवर की रचनाओं का तंज अपनी हकीकत में सामने आया। तकलीफ और उसका बयान दूर से शायद उतना नहीं समझ पड़ता।

.फ़ैज़ को अपने वक्त में जितने गायकों ने गाया, किसी दूसरे शायर को शायद ही गाया होगा। अच्छी ग़ज़ल गायकी शब्दों की महज मधुर अदायगी नहीं होती, वह अर्थों की नयी परतें खोलती है। वह हमें फिर से कविता के पाठ की तरफ भी ले जाती है। इस मायने में अच्छा फनकार—और दूसरी तरफ सुननेवाले काव्य का नये सिरे से आविष्कार करते हैं। मसलन मेंहदी हसन की गाई मौलाना हाली की ग़ज़ल 'आगे बढ़े ना किस्सा-ए-इश्के-बुतां से हम' या इकबाल बानो की आवाज में फ़ैज़ की दो नज्में हम देखेंगे और दश्ते तनहाई में सुनें। मेंहदी हसन में लहजे की कशिश और इकबाल बानो में स्वरों का खिंचाव और तनाव एक-एक शब्द में कई-कई छवियाँ देखता और दिखाता है। कमजोर उदाहरण देखना हो तो लता की गायी गालिब की ग़ज़लें लें। उनके भाई हृदयनाथ ने जैसे उन्हें भजनों की शक्ल में तैयार किया है।

कराची में फ़ैज़ के कलाम की गायकी के संकलन अरशद महमूद की देखरेख में तैयार हुए हैं। उन्हें संगीत की गहरी समझ है। वे फ़ैज़ के करीब रहे हैं। उन्होंने यह सिलसिला शास्त्रीय गायकों उस्ताद बरकत अली ख़ाँ (दोनों जहान तेरी मुहब्बत में हार कर) और उस्ताद अमानत अली ख़ाँ (तेरी उम्मीद तेरा इन्तजार जब से है, न शब को दिन से शिकायत न दिन को शब से) से शुरू किया है। फिर मलिका-ए-तरन्नुम नूरजहाँ और मलका पुखराज हैं। फ़ैज़ की अमर नज्म 'मुझसे पहले सी मुहब्बत मेरी महबूब न माँग' को सबसे पहले नूरजहाँ ने गाया था। फ़ैज़ उसे सुनकर इतने मुग्ध हुए कि नज्म उन्होंने नूरजहाँ के नाम कर दी। अरशद ने नयी रेकार्डिंग का साथ नूरजहाँ की वह पहली बगैर साजवाली रेकार्डिंग भी शरीक की है। उसमें 'वाह' लगता है फ़ैज़ की तरफ से है। मलका पुखराज की गायी दो ग़ज़लें (कब ठहरेगा दर्दे-दिल और कब तक दिल की खैर मनाएँ) इस संकलन की खूबी हैं। फरीदा खानम भी इसमें हैं।

ग़ज़ल गायकी के शहंशाह कहे जानेवाले मेंहदी हसन ने 1959 में लाहौर में एक महफिल में गुलों में रंग भरे ग़ज़ल पहले-पहल गायी थी। वह रेकार्डिंग मुझे बरसों बाद फिर सुनने को मिली है। यह ग़ज़ल बाद में मेंहदी हसन की वैसी ही पहचान बनी जैसे इकबाल बानो की 'हम देखेंगे' नज्म। 'आए कुछ अब्र' ग़ज़ल मैंने मेंहदी हसन से रूबरू भी सुनी है और उनकी कई कैसेट्स में वह मिलती है। मगर अरशद के संयोजन में एक नया शेर शामिल है—इस तरह अपनी खामुशी गूँजी, गोया हर सिम्त से जवाब आये। 'अपनी' को मेंहदी हसन ने एक नहीं, कई रंगों में रंगा है। हालाँकि ग़ज़ल के तीन शेर पता नहीं क्यों अभी भी छूटे रहते हैं।

नय्यारा नूर और नयी गायिकाएँ—टीना सानी, नजम शिराज और हदीका कियानी भी अरशद के संकलनों में हैं। नये स्वर निराश करते हैं। नय्यारा भी फिल्मी

भावुकता से गाती हैं। खून के धब्बे धुलेंगे कितनी बरसातों के बाद ऐसे गाया है मानो खून के धब्बों की नहीं, बरसात की बूँदों की बात हो रही हो!

फ़ैज़ को कराची की इस शानदार यादगार में दो गैर-उर्दू कलाकार भी हैं। बांग्लादेश की फिरदौसी बेगम ने दो ग़ज़लों में सब कत्ल होकर तेरे मुकाबिल से आये हैं को निराले अन्दाज में गाया है। लेकिन मूलतः सिन्धी, मगर उर्दू में पूरा दखल रखनेवाली आबिदा परवीन अब अपने को दुहराने लगी हैं।

बेहतर होता अरशद महमूद अपनी इस मेहनत और सूझ के काम में बेगम अख्तर का नाम भी शरीक करते। ग़ज़ल गायकी का दौर तीस के दशक में मुख्तार बेगम और बेगम अख्तर से शुरू हुआ माना जाता है। हालाँकि मेरे सहयोगी प्रमोद द्विवेदी का कहना है कि कमला झरिया उनसे भी पहले ग़ज़ल गाती थीं। उस दौर में ख्याल और ठुमरी के कई फनकार ग़ज़ल गायकी में सुर आजमाने लगे थे। बहरहाल, झरिया या मुख्तार बेगम ने फ़ैज़ को कभी गाया हो इसकी जानकारी मुझे नहीं है। शायद तब तक फ़ैज़ जाने नहीं गये थे। सहगल भी पहले चल बसे। बेगम अख्तर ने जरूर—मेंहदी हसन से भी पहले—फ़ैज़ की एक ग़ज़ल शामे फिराक़ अब न पूछ गायी थी। जनवरी, 1957 में एक व्यवसायी वल्लभदास खटाऊ की घरू महफिल में उनकी गायी एक और ग़ज़ल दोनों जहान तेरी मुहब्बत में हार के तीन साल पहले सामने आई है। फ़ैज़ की तीसरी ग़ज़ल बेगम अख्तर ने दूरदर्शन के लिए गायी थी—आए कुछ अब्र कुछ शराब आये। भला हो कमलिनी दत्त का, दूरदर्शन ने इसकी ऑडियो ही नहीं वीडियो सीडी भी अपने कबाड़ से निकालकर जारी कर दी है।

जो हो, सिर्फ फ़ैज़ के नाम पर नहीं, ग़ज़ल गायकी में मेरे सामने मेंहदी हसन के बाद इकबाल बानो से बड़ा कोई नाम नहीं है। वह महज आनन्द का स्वर नहीं है। वक्त-जरूरत वह विचलित भी करता है। असल परख तो विद्वान करेंगे, शायद वक्त करे; लेकिन जिस किसी ने जनरल जिया-उल-हक के जुल्म भरे दौर में लाहौर में उस जलसे की रेकार्डिंग सुनी है, जिसमें इकबाल ने हम देखेंगे गाया था, वह जिन्दगी भर उसे शायद भूल नहीं सकता। तब तक भुट्टो को फाँसी दी जा चुकी थी। फ़ैज़ भुट्टो के साथ माने जाते थे इसलिए बेरुत चले गये थे। प्रो. इसरार ने उनकी नज़्म कम्पोज की। इकबाल बानो ने मंद्र पर जब जुल्मो-सितम के कोहेगर से ग़ज़ल का साज उठाया, वह तारसप्तक में सब तख्त गिराए जाएँगे—सब ताज उछाले जाएँगे तक पहुँचते हुए जैसे किसी विस्फोट में तब्दील हो गया। पचास हजार लोगों के हुजूम ने बार-बार उन्हें गवाया और नारों और तालियों की गड़गड़ाहट में ऐसा आलम बना गोया आसमान फटनेवाला हो। कविता के लिहाज से हो सकता है नज़्म महान न हो; वक्त की नजाकत बड़ी थी; लेकिन कल्पना करें किसी और के गले से कविता क्या वह असर दिखा सकती थी?

मैं आज भी जब बानो की आवाज में दोनों जहाँ सुनता हूँ और हार के खिंचाव और शामे फिराक़ में (गम) जगा लिया की अदायगी देखता हूँ तो कहने को मन करता है कि वे ग़ज़ल गायकी की सुल्ताना हैं।

मजे की बात है कि अरशद महमूद ने 'हम देखेंगे' को अपने संकलन में लिया है, धुन भी प्रो. इसरार की है, पर गवाया किन्हीं नज़्म शिराज से है। शायद आज के माहौल में उतने जोश की जरूरत नहीं!

कराची में क्या देखें? बताया गया कि समन्दर है या कायदे-आजम का मजार है। एक कौमी (राष्ट्रीय) अजायबघर है, जो पहले देख चुका। एक मोहता पैलेस अजायबघर भी है।

मोहता पैलेस मेरे लिये खास आकर्षण था, पर पहले कुछ कौमी अजायबघर का ब्योरा साझा करना प्रासंगिक होगा। अजायबघर की इमारत विशाल है, पर वह मशहूर है एक छोटी मूर्ति के लिए। सिन्धु या हड़प्पा सभ्यता की दो सबसे प्रसिद्ध मूर्तियों में एक 'डांसिंग गर्ल' (नर्तकी) तो भारत के राष्ट्रीय संग्रहालय में है। दूसरी मूर्ति, जिसे पुरातत्ववेत्ताओं ने 'किंग प्रीस्ट' (याजक नरेश) नाम दिया था, कराची के अजायबघर में है। सिन्धु सभ्यता की धरोहर का बँटवारा देश के बँटवारे से कम भयावह नहीं था। कहते हैं, खुदाई में मिली चीजों में कौन-सी किधर जाए, इसे काफी बहस-मुबाहिसे के बाद तय किया जा सका। कुछ अनमोल मालाओं पर विवाद का एक निपटारा यह सामने आया कि मालाएँ तोड़कर उनके मनके गिन लिये जाएँ। फिर दोनों देश बराबर गिनती में मनके बाँट लें! मानो पुरातत्व की विरासत न हो, रेजगारी हो। किसी में विवेक जागा और अनर्थ अन्त में टल गया। विवाद हुआ, पर मालाएँ ही बाँटी गयीं, मनके नहीं। सबसे पेचीदा बँटवारा 'नरेश' और 'नर्तकी' की प्रतिमाओं का था। दोनों कलारूप तब तक सारे संसार में सिन्धु सभ्यता की जीती जागती पहचान बन चुके थे। किसी तरह इनको भी एक इधर-एक उधर की गति प्राप्त हुई।

'नरेश' की मूर्ति सफेद सेलखड़ी की बनी है, जबकि 'नर्तकी' काँसे की है। 'नरेश' का आकार ऊँचाई में 'नर्तकी' से दुगुना है, लगभग एक पेंसिल जितना। कहना मुश्किल होगा कि कौन-सी मूर्ति ज्यादा सुन्दर है। दोनों के कलात्मक पहलू के विवेचन पर हजारों पन्ने लिखे जा चुके हैं। मुझे 'नर्तकी' ज्यादा लुभाती है, पर 'नरेश' ने सुबह से दोपहर तक अपने गिर्द घेरे रखा। संग्रहालय की और चीजें देखने जाता, पर मन पीछे 'नरेश' के प्रभाव में खिंचा रहता। कहा जाता कि ज्यादा प्रभावित हों तो हम 'एकटक' देखते हैं; मैंने अनुभव किया कि आविष्ट हो तो रह-रह कर देखते हैं।

वह मूर्तिशिल्प रह-रहकर मुझे इतिहास के पास ले जाता रहा। पाँच हजार साल—बल्कि और पीछे—हाथों में यह कौशल! प्रतिमा कालान्तर में टूट-फूट गयी है। वैसे भी वह सिर्फ धड़ है; एक हाथ दुशाले के भीतर दुबका है, दूसरा कोहनी के ऊपर टूट चुका है। इस बाजू पर एक बाजूबन्द है। ऐसा ही आभूषण सिर पर है, जिसका फीता सिर के पीछे बँधा है और पीठ तक लटका है। दुशाले पर फुलकारी है; बड़े तीन पत्तोंवाले फूल। माना जाता है कि कभी इनमें रंग रहे होंगे। वहाँ तैनात एक दरबान का दावा था कि दुशाला सिन्धी वस्त्र 'अजरक' से मेल खाता है।

मूर्ति का सिर बड़ा है, होंठ भारी और नाक लम्बी। नाक का सिरा क्षतिग्रस्त हो चुका है। करीने से कढ़ी दाढ़ी है; उसी करीने में लम्बे केश। सिर कुछ पिचका है; एक तरेर देखकर लगा कि किसी भारी चीज के आघात से ऐसा हुआ होगा। इस अनूठी प्रतिमा की सबसे खूबसूरत चीज है आँखें। बड़ी और ऊपर को जाती हुई, जैसे नर्तकों की मुद्राओं में होती है। कहना मुश्किल होगा कि आँखें खुली हैं। वे, दरअसल, अधमुँदी हैं। बाहर से ज्यादा जैसे भीतर को देखती हुई। मानो योग की कोई ध्यान-मुद्रा हो। होंठों की कोर में भी करुणा का वास लक्षित होता है। शान्त, धीर-गम्भीर, मनोयोगी मुझे कोई याजक या नरेश का नहीं, एक उदात्त सभ्यता का 'पूरण-पुरुष' ज्यादा नजर आया।

कराची के रईसाना क्लिफ्टन इलाके में है। क्लिफ्टन यहाँ सफेद बालूवाले समन्दर के लिए जाना जाता है, हमारे वहाँ आतंक के सरगना दाऊद इब्राहिम की पनाहगाह के रूप में। बहरहाल,मोहता (यहाँ मोहट्टा बोलते हैं) पैलेस के सामने पहुँचते ही लगा जैसे कराची में नहीं, बीकानेर में आ पहुँचे हैं। थार के रेगिस्तान का सरहदी शहर बीकानेर, जहाँ मैं पला-बढ़ा, कराची से कोसों दूर है। दोनों की कोई तुलना भी नहीं। बीकानेर राजस्थान का छोटा-सा शहर है। कराची महानगर है। बीकानेर में बस रेत का समन्दर है। अरब की खाड़ी से कोसों दूर। लेकिन मोहता पैलेस की देहरी पर कदम रखने से पहले—सिर्फ परकोटे को देख—मुझे बीकानेर के लालगढ़ महल का ख्याल आया। वही काम, वही छज्जे, झरोखे, मेहराबें और कंगूरे। वही दरवाजे और खिड़कियाँ। और तो और, लाल बलुआ पत्थर भी वही!

इस पहेली को खोलूँ, उससे पहले जान लें कि यह इमारत कराची की ही नहीं, पाकिस्तान की सबसे शानदार जगहों में एक है। इसलिए भी कि मुहम्मद अली जिन्ना का नाम इससे जुड़ा है। जिन्ना की राजनीति में कदम-ब-कदम साथ चलनेवाली उनकी बहन फातिमा जिन्ना अपने आखिरी वर्षों में इसी हवेली में रहती थीं। इसलिए इसे कस्र-ए-फातिमा (फातिमा का महल) भी कहा जाने लगा। 1965 में जब उन्होंने फील्ड मार्शल अय्यूब ख़ाँ के खिलाफ गवर्नर-जनरल का चुनाव लड़ा तो एकबारगी मोहता पैलेस जैसे पूरे मुल्क की राजनीति का केन्द्र हो गया। लेकिन

पाकिस्तान बनवाने में सीधी भूमिका निभानेवाली फातिमा जिन्ना, जिन्हें मुल्क ने मादरे-मिल्लत (राष्ट्रमाता) का खिताब दिया था, चुनाव हार गयीं। इसके बाद उनका सार्वजनिक जीवन कमोबेश खत्म हो गया और वे 'कस्र' से बाहर भी कम निकलने लगीं।

फातिमा का इन्तकाल मोहता पैलेस में हुआ। यहाँ से उनका जो जनाजा उठा, कहते हैं कराची में उसके बाद उतना बड़ा जनाजा नहीं देखा गया। फातिमा के बाद जिन्ना की दूसरी बहन शीरीनबाई यहाँ रहीं। उनके बाद यह 'महल' उजाड़ में तब्दील हो गया। इतने विशाल भवन को कौन सँभाले और जिन्ना के घर में जाकर कौन रहे!

जब बेनजीर भुट्टो वजीरे आजम थीं, सिन्ध सूबे की हुकूमत ने उनसे गुजारिश की कि जिन्ना के नाम पर इस इमारत को खंडहर की शक्ल अख्तियार करने से बचाया जाए। बेनजीर ने सात करोड़ रुपये खजाने से संस्कृति महकमे को जारी किये। छह करोड़ दस लाख रुपये देकर महकमे ने पहले मोहता पैलेस को जिन्ना के वंशजों से खरीदा और बची रकम उसके जीर्णोद्धार पर खर्च की। चार साल बाद—सितम्बर 1999 में—मोहता पैलेस एक अजायबघर के रूप में अवाम के लिए खोल दिया गया।

इस दास्तान से कायदे-आजम जिन्ना के व्यक्तित्व और चरित्र का एक दिलचस्प पहलू खुलनेवाला है, अगर आप जानना चाहें कि मोहता पैलेस वास्तव में किसका घर था और कैसे वह जिन्ना के परिजनों की सम्पत्ति हो गया।

इसके लिए एक बार फिर बीकानेर की तरफ देखें। एक मोहता भवन वहाँ भी है। यह बीकानेर की शानदार इमारतों में जरूर है, पर एक इमारत भर नहीं है। भुजिया-रसगुल्लेवाली ख्याति के बावजूद अगर बीकानेर को राजस्थान की सांस्कृतिक राजधानी कहा जाता है तो उसके यह दर्जा अर्जित करने में मोहता भवन की बड़ी भूमिका रही है। शहर का सांस्कृतिक रुतबा यों तो अनूप संस्कृत ग्रन्थालय और पल्लू क्षेत्र में निकली जैन सरस्वती की मकराना प्रतिमा से ही कायम रहता, जिसे भाषाशास्त्री और पुरातत्त्वविद् तैस्सीतोरी ने ढूँढ़ा था। मोहता भवन की गतिविधियों ने शिक्षा, साहित्य और संस्कृति के क्षेत्र में सार्थक काम किया। इनके केन्द्र में तत्त्वचिन्तक छगन मोहता थे। उन्होंने औपचारिक शिक्षा की कोई डिग्री हासिल नहीं की थी, मगर संस्कृति और दर्शन पर उनकी गहरी पकड़ थी। मानवेन्द्रनाथ राय के वे निकट सम्पर्क में रहे लोगों में थे।

लेकिन छगन मोहता ने यह भवन नहीं बनवाया था, न वे धनी थे। कराची में व्यवसाय करनेवाले सेठ गोरधनदास मोहता के बड़े बेटे रामगोपाल ने—जिनके डॉ. मोहता सहायक थे—बीकानेर का मोहता भवन बनवाया था और मंझले बेटे शिवरतन

ने कराची का मोहता पैलेस। गर्मी शुरू होने पर सेठ लोग ऊँटों पर सवार हो बहावलपुर और आगे रेलगाड़ी से कराची पहुँचते। सावन लगा तो वापस बीकानेर। बीकानेर में डॉ. छगन मोहता से हम सुनते थे कि कराची की हवेली बीकानेर के भवन से सुन्दर है। तब मैंने यह कल्पना नहीं की थी कि बीकानेर के महाराजा गंगासिंह के कलात्मक लालगढ़ (पिता लालसिंह के नाम पर निर्मित) की शैली हू-ब-हू दूर कराची में मौजूद होगी।

बीकानेर फोन कर मैंने छगन मोहता के बेटे डॉ. श्रीलाल मोहता से बात की। उन्होंने बताया कि शिवरतन मोहता का जन्म कराची में हुआ था, पर बचपन बीकानेर में बीता। लालगढ़ का निर्माण शुरू हुआ, तब वे और किशोरों की तरह उस तरफ सैर को जाया करते थे। 1929 में जोधपुर के उम्मेद भवन पैलेस के निर्माण में उसके एक हिस्से का ठेका उन्होंने लिया और अगले साल कराची में अपना घर—मोहता पैलेस—बनाना शुरू कर दिया। मगर उम्मेद पैलेस की तरह आधुनिक हिन्दू-यूरोपीय शैली में नहीं, लालगढ़ की पारम्परिक राजपूत-मुगल शैली में। इसके लिए दुलमेरा (बीकानेर के पास एक जगह) का बलुआ पत्थर बीकानेर से कराची लाया गया। इमारत पर बीस लाख रुपये का खर्च आया।

इस स्थापत्य की एक और भव्य इमारत कराची में है—आरजीएम जिमखाना क्लब। आरजीएम यानी रामगोपाल जी. मोहता। बड़े भाई के नाम पर इसे भी शिवरतन मोहता ने बनवाया था। चालीस के दशक में शिवरतन मोहता सिन्ध के चोटी के उद्यमी हो गये थे। उनका चीनी का कारखाना बड़ा था, पर लोहे के कारोबार की वजह से 'आयरिन किंग' के नाम से जाने गये। अँग्रेजों ने उन्हें राव बहादुर, मानद मजिस्ट्रेट और 'जीपी' (जस्टिस ऑफ पीस) के खिताब दिए। क्लिफटन के तट—जिसे तब हवा बन्दर कहा जाता था—पर इक्के-दुक्के बँगले थे। बँटवारे के वक्त भी क्लिफ्टन में सिर्फ सत्रह घरों की आबादी थी जिनमें मोहता पैलेस एक था। बड़े लोग वहाँ ठहरा करते थे। एक बार गाँधी जी भी ठहरे।

बँटवारा होते-न-होते नये मुल्क की राजधानी बन रहे कराची के प्रशासन ने कई फौरी काम किए, उनमें चर्चित रहा मोहता पैलेस का अधिग्रहण! दिलचस्प बात यह है कि लाखोंलाख दूसरे हिंदुओं की तरह सेठ शिवरतन मोहता कराची में रहने के ख्वाहिशमन्द थे। यह 14 अगस्त, 1947 की शाम कराची में कायदे-आजम की ताजपोशी के मौके पर आयोजित समारोह में घटित वाकये के हवाले से साफ हो जाता है। इसका जिक्र मुझे सिन्ध के पहले प्रशासक और जिन्ना के करीबी अफसर रहे सैय्यद हाशिम रजा के संस्मरणों में मिला जिसके कुछ अंश 1983 में 'डॉन' में छपे थे। फातिमा जिन्ना, हमेशा की तरह, वहाँ भी भाई का साया थीं। हाशिम रजा वाकये के वक्त जिन्ना की बगल में खड़े थे। रजा के अपने शब्दों में—

"राव बहादुर शिवरतन मोहता कराची के बेहद समृद्ध व्यवसायियों में थे। उनकी कराची में कई इमारतें थीं और वे खुद क्लिफ्टन के अपने घर में रहते थे जिसका नाम उन्होंने मोहता पैलेस रखा था। यह इमारत हमारे विदेश मन्त्रालय के लिए अधिग्रहित कर ली गयी।...अल्पसंख्यक समुदायों के मोअज्जिज नुमाइन्दे गवर्नर जनरल हाउस में आयोजित स्वागत समारोह में आमन्त्रित किये गये थे। शिवरतन मोहता कायद (जिन्ना) के पास आये और उन्हें गवर्नर जनरल बनने की मुबारकवाद पेश की। कायद ने उनसे हाथ मिलाया। मोहता ने, जिन्होंने अपने घर के अधिग्रहण पर एतराज किया था, सोचा कि यह अच्छा मौका होगा कि कायद से अधिग्रहण मुक्ति करने की गुजारिश की जाय। मैं कायद के नजदीक खड़ा था। उन्होंने मुझसे अधिग्रहण की वजह पूछी। मैंने बताया कि हमने वही घर अधिग्रहित किये हैं जिनके मालिकों के पास एक से ज्यादा इमारतें हैं। शिवरतन मोहता ने कहा कि मोहता पैलेस उन्हें सबसे अजीज है। बाद में उन्होंने जोर देकर घर वापस दिलाने का अनुरोध किया। कायद का जवाब था—'शिवरतन मोहता, मैं आपके घर के अधिग्रहण को मुक्त करने में सक्षम नहीं हूँ। आप इसके लिए सक्षम प्राधिकारी को अपील करें।'... शिवरतन मोहता मुल्क के मुखिया के मुँह से ये शब्द सुनकर हक्के-बक्के रह गये कि वे (गवर्नर जनरल) इमारत मुक्त करने के सक्षम अधिकार नहीं रखते।"

और सेठ मोहता ने घर और पाकिस्तान दोनों को छोड़ दिया।

कहा जा सकता है कि नयी मुल्क की हुकूमत को इमारतों की जरूरत थी। मगर मोहता पैलेस को छोड़ शिवरतन बाकी इमारतें देने को तैयार थे। क्या नयी हुकूमत के महत्त्वाकांक्षी अफसर जिन्ना को खुश करना चाहते थे? गौर करने की बात है कि जिन्ना पाकिस्तान बनने के बाद भी मुंबई का अपना बँगला अपने पास रखना चाहते थे; कभी-कभी वहाँ जाने-आने का मन रखते थे। भारत के उच्चायुक्त के समक्ष उन्होंने अपनी इस इच्छा का इजहार किया था। लेकिन जिन्ना पाकिस्तान बनने के अगले वर्ष ही टीबी बिगड़ने से चल बसे। मोहता पैलेस, जिसे पाकिस्तान की नवगठित सरकार ने विदेश मन्त्रालय को दिया था, बाद में उसी सरकार ने जिन्ना के मुम्बई के मालाबार हिल बंगले के 'एवज में' उनकी बहन और वारिस फातिमा जिन्ना को दे दिया गया। जिन परिस्थितियों में सरकार ने 'पैलेस' पर कब्जा किया था, उनका ख्याल करते हुए फातिमा जिन्ना को इसका कब्जा लेने से शायद इनकार कर देना चाहिए था क्योंकि जिन्ना के बाद वे मुल्क की सबसे सम्मानित नेता थीं। शायद किसी और की इमारत के लिए जिन्ना के वंशजों को भी छह करोड़ की रकम मंजूर नहीं करनी चाहिए थी। लेकिन फातिमा जिन्ना ही इसका रास्ता बना गयी थीं। फातिमा ने बाकायदा एक हलफनामा देकर यह दावा किया था कि जिन्ना ने 1939 में

अपनी वसीयत में मुम्बई का मकान उनके नाम किया था।

हाँ, सेठ मोहता का बाद में क्या हुआ? वे भारत चले आए। मुम्बई में डेरा डाला। काम-धन्धे बढ़ाए। सरकार में उनकी पैठ रही। 1957 में उनके बड़े भाई रामगोपाल मोहता पचहत्तर वर्ष के हुए तो उपराष्ट्रपति डॉ. राधाकृष्णन बीकानेर आए, प्रधानमन्त्री नेहरू और इन्दिरा गाँधी भी। उस मौके पर छपे मोहता अभिनन्दन ग्रन्थ में—जिसका सम्पादन हिन्दुस्तान के तत्कालीन सम्पादक सत्यदेव विद्यालंकार ने किया था—शिवरतन मोहता ने कराची के मोहता पैलेस के मामले में लिखा—

"सन् 1930 में मैंने कराची में अपने रहने के लिए समुद्र तट पर वह मकान बनाना शुरू किया... मुझे उसको बनवाने का इतना शौक था कि मैं आपरेशन की हालत में भी पास के मकान से इस नये बनते हुए मकान को देखने और इंजीनियर को आदेश देने पहुँच जाया करता था। परन्तु पूज्य भाई जी मुझे यही कहा करते कि तुम अपने रहने के लिए जो इतना बड़ा महल बनवा रहे हो वह उचित नहीं है। इससे तुम्हारा देह अहंकार बहुत बढ़ जाएगा और यह रजोगुणी काम एक दिन दुख का कारण बन जाएगा। मैंने आपके उपदेश पर उस मकान की योजना को कुछ कम कर दिया व बजाय तीन मंजिल के दो ही मंजिल बनाकर समाप्त कर दिया। इस 'मोहता पैलेस' को लोगों ने बहुत पसन्द किया।... अब पूज्य भाई जी के उन दिनों के सदुपदेश व चेतावनी याद आती है।"

मोहता पैलेस का विशाल बाग और दालान पार कर मैं भीतर दाखिल हुआ तो ध्यान वहाँ इमारत की वास्तुकला से हटकर जिन्ना की शख्सियत को समझने की उधेड़बुन में भटक जाता था। सामने एक प्रदर्शनी में जिन्ना की बहुत बड़ी तस्वीर थी। लेकिन सेठ मोहता का नाम तक कहीं अंकित न था। बायीं तरफ एक विशाल प्रदर्शनी में जिन्ना के जीवन की झाँकी थी। कोई दो सौ तस्वीरें होंगी। उनमें सिर्फ एक तस्वीर में—जिसमें गाँधी जी ने उनके कन्धे पर हाथ रख रखा है—गाँधी के साथ जिन्ना हँसते दिखाई दिए। बाकी कोई दूसरी तस्वीर नहीं थी, जिसमें उनके खूबसूरत होंठों की कोर पर मुस्कान भूले-भटके भी कौंधती हो!

क्या मैं उद्विग्न हो गया? या यह मेरा दुराग्रह? मुझे जिन्ना से क्या। लेकिन खीझ ने आ घेरा, क्योंकि 'मसला' शायद नैतिकता का था। राष्ट्र बन जाने के बाद, कायदे-आजम के नाते ही नहीं, मुल्क के रहनुमा बन जाने के बाद भी दो चेहरे क्यों?

आडवाणी के मन में कराची पहुँचकर जिन्ना के प्रति श्रद्धा उमड़ी। आडवाणी को जिन्ना की 'धर्म-निरपेक्षता' रास आयी, यह वाजिब है। गाँधी की काट का यह भगवा तरीका होगा। वे इस्लाम के नाम पर मुल्क बनाएँ और धर्म-निरपेक्ष कहाएँ; आप हिन्दू राष्ट्र का सपना सँजोएँ और धर्म-निरपेक्ष माने जाएँ। कथनी और करनी का फर्क सब जगह क्या एक ही सतह पर नहीं चलता?

विजया लक्ष्मी सिन्हा

मैंने आवाज की दरारों को देखा है

समय पंख लगाकर उड़ता जा रहा था।

स्वतन्त्रता की तिथि करीब आती जा रही थी। दिल्ली भारत जैसे बड़े देश की राजधानी। ब्राडकास्टिंग हाऊस, इतनी बड़ी राजधानी का रेडियो स्टेशन। इस रेडियो स्टेशन से भी स्वतन्त्रता दिवस के लिए ढेर सारे कार्यक्रम तैयार किये जा रहे थे। पंडित रविशंकर, जो उस समय ऑल इंडिया रेडियो में कम्पोजर थे उस विशेष दिन के लिए ऑर्केस्ट्रा तैयार करने में लगे थे। मेल विल डीमेलो अँग्रेजी रूपक की प्रस्तुति में मशगूल थे। हरिजन कॉलोनी की पिछली शाम की गाँधी जी की प्रार्थना सभा की रिकॉर्डिंग को प्रसारण के लिए एडिट कर तैयार करने में एक टीम जुटी थी। एक स्टूडियो में अँग्रेजी के प्रसिद्ध लेखक आबरे मेनन कार्यक्रम अधिकारी के.एस. दुग्गल की प्रतीक्षा कर रहे थे। मेनन को विशेष तौर पर अँग्रेजी में फीचर लिखने एवं प्रस्तुत करने के लिए बम्बई से हवाई जहाज का किराया देकर बुलाया गया था। फीचर का नाम था 'आजादी की शाम'। इस तरह भारतवर्ष भी अपनी स्वतन्त्रता के उत्सव में जुटा था।

उन्हीं दिनों लाहौर में दंगे फैलने की खबर आयी। पूरा लाहौर आग का अलाव बन चुका था। गलियाँ लाशों से भरी पड़ी थीं। लाहौर के गुंडों ने फैसला किया कि किसी गैर मुस्लिम को शहर में नहीं रहने देंगे। उन्हें मौत के घाट उतारा जा रहा था या अमृतसर की ओर खदेड़ा जा रहा था। जो कुछ अखबारों में छपा, रेडियो भी उसकी पुष्टि कर रहा था। फिर तो यह सिलसिला चल निकला। जो कुछ पश्चिमी पंजाब में हुआ, पूर्वी पंजाब में भी होने लगा। पूर्वी-पश्चिमी बंगाल में भी जुल्म का चक्र चल पड़ा। फिर सिन्ध भी इसकी चपेट में आ गया और उसके बाद सारा उत्तर भारत और दिल्ली शहर भी दंगों की चपेट से बच नहीं पाया। यहाँ तक कि कनाट प्लेस तक में लूट-मार हो रही थी। गुंडे दुकानों के शीशे तोड़कर अन्दर से सामान निकाल रहे थे। छुरेबाजी जारी थी। पुलिस की सीटियाँ आँसू गैस के गोले- कोई भी उनकी परवाह नहीं कर रहा था। दुकानों का माल ठेलों पर लादा जा रहा

था। ताँगों में भरा जा रहा था। नोआखाली के दंगों का बदला बिहार में लिया गया। बिहार के दंगों का बदला पोठोहार में, अमृतसर के दंगों के बारे में सुनकर लाहौर में दंगे भड़क उठे। लायलपुर के दंगों की धूल लुधियाना में उड़ी।

लाखों लोग बेघर हो गये। शरणार्थियों से भरी हुई गाड़ियाँ दिल्ली में आ रही थीं। लुटे-पिटे लोग, कोई माँ अपनी बेटी खोकर आयी थी, कोई पिता अपने पुत्रों को कटवाकर पहुँचा था लखपति-पूँजीपति लोग खाली हाथ अपनी जान बचाकर निकल आये थे भूखे-प्यासे। न किसी के सिर पर छत थी न पाँवों के नीचे जमीन।

दिल्ली पूरी तरह भर गयी थी। 'हिन्दू शरणार्थी' दिल्ली के मुसलमानों पर टूट पड़े। पश्चिमी पंजाब में उनके साथ जो कुछ हुआ वही उन्होंने दिल्ली में शुरू कर दिया। मुसलमानों ने दिल्ली छोड़कर भागना शुरू कर दिया—जगह-जगह शरणार्थी कैम्प लग गये। बेसहारा लोग शरण के लिए आ रहे थे।

विवश होकर महात्मा गाँधी ने दिल्ली में आमरण अनशन रख लिया। नेहरू और सरदार पटेल कुछ समझ नहीं पा रहे थे, माउंटबेटन अपने सभी अनुभवों से हालात पर काबू पाने के लिए जूझ रहे थे। तभी ए.आई.आर. ने निर्णय लिया कि बेघर लोगों के लिए एक विशेष कार्यक्रम सेवा आरम्भ की जाए। जिसके द्वारा शरणार्थियों के पैगाम एक-दूसरे को पहुँचाए जा सकें। यह प्रोग्राम सिर्फ दस मिनट का होगा। इस कार्यक्रम का भार कर्त्तार सिंह दुग्गल को सौंपा गया। उन्होंने ब्राडकॉस्टिंग हाउस में अपने ही कमरे में एक मेज कुर्सी रखकर एक असिस्टेंट की ड्यूटी लगा दी कि वह शरणार्थियों के सन्देश नोट करता जाए। शाम को उन्हें क्रमानुसार फिर ब्राडकॉस्ट किया जाए। पहले दिन के प्रसारण के बाद यह उद्घोषणा की गयी कि शरणार्थी पैगामों का यह कार्यक्रम प्रतिदिन शाम को प्रसारित किया जाएगा जिसके लिए पैगाम ब्राडकॉस्टिंग हाउस के कमरा नं. 27 में पहुँचाए जाएँ। अगली सुबह सारा बरामदा शरणर्थियों से खचाखच भरा हुआ था। एक के स्थान पर पैगाम लिखने के लिए दो सहायक नियुक्त किये गये। दो की जगह चार फिर छह फिर आठ फिर दस। कार्यक्रम का समय भी इसी क्रम में बढ़ता रहा। दस मिनट के बीस मिनट फिर आधा घंटा, एक घंटा, दो घंटे, चार घंटे अन्त में आलम यह था कि शाम का पूरा ट्रांसमिशन शरणार्थी पैगामों के प्रसारण के नाम कर दिया गया। कार्यक्रम के लिए पहले एक कोना खाली करवाया गया फिर पूरा एक कमरा। फिर एक कमरा और कार्यक्रम के लिए अलग कर दिया गया। दफ्तर से जब अतिरिक्त स्टाफ न मिला तो पढ़े-लिखे रिफ्यूजी नौजवानों को इस काम के लिए भर्ती किया गया। रिफ्यूजी पैगाम यूनिट के अस्थायी तौर पर नियुक्त हरीश चन्द्र खन्ना बाद में ऑल इंडिया रेडियो के प्रोग्राम असिस्टेंट बने फिर आई.ए.एस. में चयनित होकर ब्राडकास्टिंग मिनिस्ट्री के संयुक्त सचिव, फिर डी.डी.ए. के वाइस चेयरमैन, बाद में उन्होंने

दूरदर्शन के महानिदेशक पद को भी सुशोभित किया। शरणार्थियों की लम्बी कतार कभी खत्म होने का नाम ही नहीं लेती। लोगों की अजीब-सी परेशानियाँ थीं, अजीब समस्याएँ थीं।

दिल्ली के दंगे काबू में नहीं आ रहे थे। महात्मा गाँधी का आमरण अनशन, जवाहरलाल नेहरू की दलीलें, दिल्ली के डिप्टी कमिश्नर एन.एस. रंधावा की अथक कोशिश जारी थी। रेडियो से भी रंधावा साहब अमन की अपील कर रहे थे। गाँधी जी के आमरण अनशन को एक सप्ताह हो चला था कि एकाएक उनकी हालत गम्भीर हो गयी। इसे देख हिन्दू, सिख और मुसलमान घबरा गये। निर्णय हुआ कि सभी धर्मों के नेता गाँधी जी के पास उपस्थित होकर उन्हें और दंगे नहीं होने का विश्वास दिलाएँगे। ऐसा ही किया गया। जब गाँधी जी सन्तुष्ट हो गये कि दिल्लीवासी सचमुच अब और बदतमीजी नहीं करेंगे तो उन्होंने अपना अनशन तोड़ दिया। गाँधी जी ने अनशन तोड़ा और पूरे शहर में शान्ति हो गयी। महात्मा गाँधी की बातें भारतीयों पर जादू का-सा असर करती थीं।

आजादी की रात दिल्ली के दंगे काबू में आ गये लेकिन देश के बाकी स्थानों में हालात ज्यों-के-त्यों बने हुए थे। वर्षों की गुलामी की जंजीरों से मुक्ति दिलानेवाली रात क्षितिज पर धीरे-धीरे मुस्करा रही थी। दिल्ली शहर को एक दुल्हन की भाँति सजाया जा रहा था। गलियों को साफ किया जा रहा था। बाजारों को सजाया जा रहा था। कनॉट प्लेस दुल्हन की तरह लग रहा था। सभी ओर चहल-पहल, गहमा-गहमी। वे अजीब दिन थे, कहीं विभाजन के दंगों की विभीषिका से उतरे-लटके मायूस से चेहरे तो कहीं देश की आजादी की खबर से चम्पे की कली की तरह खिले चेहरे।

बापू का रेडियो में पदार्पण

नयी दिल्ली के संसद मार्ग पर बने ब्राडकॉस्टिंग हाउस को बापू ने रेडियो घर कहा था। रेडियो घर में उनका पदार्पण केवल एक बार हुआ। 12 नवम्बर, 1947 के दिन। देश के बँटवारे के बाद की पहली दिवाली। पाकिस्तान से उजड़-उजड़ कर आ रहे शरणार्थियों का तांता। जगह-जगह शिविर। दिल्ली के पास कुरुक्षेत्र में भी एक बड़ा शिविर लगा था। एक-दो हजार नहीं लाखों शरणार्थी मानो एक नया शहर बसा हो। ऐसा शहर जहाँ लोग ही लोग। अपनी जड़ों से उखड़े हुए लोग। बिखरे हुए परिवारों के लोग। माँ-बाप, भाई बहनों से बिछुड़े हुए लोग। दीवाली का दिन शायद ही कभी इतनी उदासी से भरा रहा होगा।

काँग्रेस कार्यसमिति की महत्त्वपूर्ण बैठक चल रही थी। अनेक बड़े फैसले लेने थे। हर नेता सलाह के लिए बापू पर निर्भर। और बापू कुरुक्षेत्र जाकर दुखी

भाई-बहनों से मिलने के लिए बेचैन। तभी घनश्याम दास बिड़ला ने सलाह दी—बापू रेडियो पर बोलिए। शरणार्थियों को सम्बल मिलेगा। बापू कठिनाई से माने।

स्टूडियो में माइक के सामने बैठते हुए बापू ने आस-पास खड़े लोगों से कहा, ''मैं इसमें (रेडियो में) शक्ति देखता हूँ। ईश्वर की अलौकिक शक्ति।'' तभी घड़ी ने तीन बजाए। स्टूडियो की लाल बत्ती जल उठी। संकेत हुआ। बापू ने अपनी गम्भीर वाणी में कुरुक्षेत्र के शरणार्थी लोगों को सीधे सम्बोधित किया—

''मेरे दुखी भाइयो और बहनो, मैं नहीं जानता कि आज की मेरी बात सिर्फ आप लोग ही सुन रहे हैं या दूसरे भी सुन रहे हैं। रेडियो पर बोलने का यह मेरा महज दूसरा अवसर है। मुझे पहला मौका कई साल पहले मिला था, जब मैं गोलमेज सम्मेलन में भाग लेने के लिए लन्दन गया था। हालाँकि मैं रेडियो घर से बोल रहा हूँ, लेकिन इस तरह की वार्ताओं में मुझे दिलचस्पी नहीं है। दुखियों के साथ दुख उठाना और उनके दुखों को दूर करना ही मेरे जीवन का काम रहा है। इसलिए मुझे आशा है कि मेरे इस भाषण को आप इसी तरह से देखेंगे।

''जब मैंने सुना कि कुरुक्षेत्र में दो लाख से ऊपर शरणार्थी आ चुके हैं और उनकी संख्या बढ़ती जा रही है तो मुझे बड़ा दुख हुआ। यह खबर सुनते ही मेरी इच्छा हुई कि मैं आप लोगों से आकर मिलूँ। लेकिन मैं एकदम दिल्ली नहीं छोड़ सकता था, क्योंकि यहाँ काँग्रेस कार्य-समिति की बैठकें हो रही थीं और उनमें मेरा हाजिर रहना जरूरी था। सेठ घनश्यामदास बिड़ला ने सुझाया कि मैं आपको रेडियो पर सन्देश दूँ। इसलिए आपसे आज यह बात कह रहा हूँ।

''यह जानकर मेरे दिल को चोट पहुँचती है कि आप में से बहुत-से आश्रयहीन हैं। यह वास्तव में कठिनाई है—खासकर पंजाब की कड़ी ठंड में जो दिनोदिन बढ़ती जा रही है। आपकी सरकार आपको आराम पहुँचाने की भरसक कोशिश कर रही है। बेशक आपके प्रधानमन्त्री पर इसका सबसे बड़ा बोझ है। राजकुमारी और डॉ. जीवराम मेहता के अधीन सरकार का स्वास्थ्य विभाग भी आप लोगों की मुसीबतों को हलका करने के लिए कड़ी मेहनत कर रहा है। इस संकट में दूसरी कोई सरकार इससे अच्छा काम नहीं कर सकती थी। आपकी मुसीबतों और विपदाओं की कोई हद नहीं है और सरकार की तो अपनी सीमाएँ हैं ही। लेकिन आपको अपने दुख-दर्द का हिम्मत, धीरज और खुशी से सामना करना चाहिए।''

दीवाली जैसी खुशी के त्योहार पर घरों से उजड़े लोगों की मनोदशा का अहसास बापू को था ही। तभी तो उन्होंने कहा—''आज दीवाली है, लेकिन आप या दूसरे कोई चिराग़ नहीं जलाएँगे। हमारी सबसे अच्छी दीवाली मनेगी, आप लोगों की सेवा करके और आप सब उसे अपने शिविर में भाई-भाई जैसे रहकर और हर एक को अपना सगा समझकर मनाएँगे। अगर आप ऐसा करेंगे तो मुसीबतों पर विजय

पा सकेंगे।'' विदेशी कपड़ा मिलों को अपने चरखे से मात देनेवाले बापू ने प्रसन्नता जताई कि कैम्प की महिलाएँ सूत कातने में रुचि ले रही हैं। सबसे मेल-जोल बनाये रखने की अपील करते हुए उन्होंने अपेक्षा की कि बाहर से आये लोग आपस में इस तरह घुल-मिल जाएँ जैसे चीनी दूध में धुल जाती है।

''गोवा की एक बहन मुझसे मिलने आयी थीं। उससे मुझे यह जानकर खुशी हुई कि आपके शिविर की बहुत-सी औरतें कताई करना चाहती हैं। जो रचनात्मक काम हमें मदद पहुँचाए उसे करने की इच्छा रखना अच्छी बात है। अब आप सबको सरकार पर बोझ बनने से इनकार कर देना चाहिए। आपको दूध में शक्कर की तरह अपने आसपास के वातावरण में घुल-मिल जाना चाहिए और इस तरह आपकी सरकार पर जो बोझ आ पड़ा है, उसे हल्का करने में मदद करनी चाहिए। सारे शिविरों को सचमुच स्वावलम्बी बनना चाहिए। लेकिन आज आपके सामने वह आदर्श रखना शायद बहुत ऊँची बात होगी। फिर भी मैं आपको यह जरूर कहूँगा कि आपको किसी भी काम को बुरा नहीं समझना चाहिए। सेवा का जो कोई भी काम आपके सामने आये, उसे आप खुशी-खुशी करें और इस तरह कुरुक्षेत्र को एक आदर्श जगह बनाएँ।

''मेरी गरम कपड़ों, दवाइयों और कम्बलों के लिए अपील सुनकर लोगों ने उदारता से दान दिया है। सरकार की अपील का भी उन्होंने अच्छा स्वागत किया है। इन चीज़ों में भी आपका हिस्सा है। लेकिन अगर आप लोग आपस में झगड़ेंगे और कुछ लोग अपनी जरूरत से ज्यादा ले लेंगे तो आपको ही नुकसान होगा। आज भी आप बड़ी-बड़ी मुसीबतें उठा रहे हैं, लेकिन आपके गलत काम से वे और ज्यादा बढ़ जाएँगी।''

बापू ने देश के बँटवारे को पूरे मन से कभी स्वीकार नहीं किया था। अपने उसी रेडियो प्रसारण में उन्होंने आशा व्यक्त की—

''आखिर मैं उन लोगों में से नहीं हूँ जो यह भरोसा करते हैं कि आप पाकिस्तान में अपनी जमीन और घर-बार छोड़कर यहाँ आ गये हैं, वहाँ से हमेशा के लिए उखाड़ दिए गये हैं। न मैं यह मानता हूँ कि उन मुसलमानों के साथ ऐसा होगा जिन्हें हिन्दुस्तान छोड़ने पर मजबूर किया गया है। मैं तब तक चैन नहीं लूँगा और तब तक पूरी कोशिश करता रहूँगा जब तक सब लोग सम्मान और सुरक्षा के साथ लौटकर उन जगहों में बस नहीं जाते जहाँ से वे आज निकाले गये हैं। जब तक मैं जिन्दा रहूँगा तब तक इस उद्देश्य के लिए काम करता रहूँगा। मरे हुए लोग तो जिलाए नहीं जा सकते, लेकिन जिन्दा लोगों के लिए तो हम काम कर सकते हैं अगर हम ऐसा नहीं करते, तो हिन्दुस्तान और पाकिस्तान के नाम पर हमेशा के लिए कालिख पुत जाएगी और उससे हम दोनों बरबाद हो जाएँगे।''

बिड़ला हाउस में रोज शाम को होनेवाली प्रार्थना सभा में पहुँचकर बापू ने लोगों को अपनी रेडियो वार्ता की जानकारी दी। उन्होंने कहा, ''मैं आज दोपहर रेडियो घर गया था। वहाँ से मैंने कुरुक्षेत्र के भाई-बहनों से बात की।''

गाँधी जी का रेडियो घर में 12 नवम्बर, 1947 को आना अपने आप में एकमात्र उदाहरण बनकर रह गया और इसलिए रेडियो इसे जन-प्रसारण दिवस के रूप में आज भी मनाता है। ब्राडकॉस्टिंग हाउस के प्रागंण में 12 नवम्बर को श्रोताओं के समक्ष एक उत्सव का आयोजन होता है। जिसमें बापू जी के भाषण के अंश, उनके प्रिय भजन आकाशवाणी वाद्य वृंद के कलाकारों द्वारा गवाए जाते हैं। उस दिन बापू की याद में सभी अफसर, अतिथि तथा कर्मचारी सफेद चादर पर जमीन पर बैठकर कार्यक्रम देखते और सुनते हैं और राष्ट्रपिता को अपना सम्मान अर्पित करते हैं...इसका प्रसारण भी उसी समय होता है।

ज्ञानप्रकाश विवेक

विस्थापन की वेदना

पिता रेलवे में थे। इनसानी क़द्रें और रिवायतें बचाकर रखने में मसरूफ़, एक शख्स। एक अदीब। एक विस्थापित।

वो इस संसार में थे। लेकिन उनका अपना संसार भी था। प्रतिसंसार। एक जजीरा। जहाँ स्मृतियों की औंधे मुँह पड़ी कश्तियाँ थीं। जहाँ आवारा सीपियाँ थीं। जहाँ खोखले शंख थे। पिता का संसार, एक प्यासा रेगजार था।

पिता बहादुर गढ़ स्टेशन में थे। उनकी सफेद जींस की वर्दी होती। सफेद कोट। कोट के दो जेब। एक जेब में दुनिया। यथार्थ। खर्च। नोट। चिल्लर। कागज। पुरानी टिकटें। अखबार की कतरनें। दूसरी जेब में शायरी। शायरी और तसव्वुर। शायरी और दुख। शायरी और कशमकश!

पिता सफेद वर्दी पहनकर खड़े होते तो शानदार इनसान नजर आते। सफेद कोट-पतलून का सबसे बड़ा फायदा यह था कि तंगदस्ती के सारे शिगाफ़ छुपा लेती। पिता घर के मुखिया थे। मुखिया और दुखिया। वो दुख छुपाने का हुनर जानते थे। दुखों का मखौल उड़ाते तो यूँ लगता जैसे अपना मखौल उड़ा रहे हैं। ऐसा लगता कोई अभिमन्यु है निहत्था...अभावों के चक्रव्यूह में। रक्तरंजित! लेकिन रक्त अदृश्य!

तक़सीम को कई साल हो चुके थे। लेकिन एक बेचैनी थी जो चैन नहीं लेने देती थी। तक़सीम। कई साल। बच्चों का जन्म। एक परिवार। और परिवार के मुखिया हमारे पिता। चुप और विचारमग्न!

हम उन्हें देखते रहते चकितभाव से। उनकी आँखें नम होतीं। लेकिन वो मुस्कराने की कोशिश कर रहे होते। जब-जब तकलीफजदा होते। इक़बाल का शेर गुनगुनाते—

मेरा तरीका अमीरी नहीं गरीबी है
खुदी न बेच, गरीबी में नाम पैदा कर!

पिता का दोस्त-हबीब

पिता ऊँची कद के ऊँचे शख्स थे। अपने आत्मसम्मान के लिए बहुत कुछ गँवाते रहे। तक़सीम! बँटवारे को वो तक़सीम कहते। तक़सीम ने दो मुल्क बनाये। तक़सीम ने भूगोल को दो-फाड़ कर दिया। पिता का मन दो फाड़ हो गया। वो हिन्दुस्तान आ बसे। लेकिन उनका कुछ हिस्सा कहीं पीछे छूट गया। घर छोड़ते वक्त, रस्सियों से उन्होंने सामान तो बाँध लिया था लेकिन मित्रताओं को किस रस्सी में बाँधते! उनके सबसे प्यारे दोस्त हबीब ने तो कह भी दिया था, ''प्रीतम, बाँध सकता है तो जज्बात बाँधकर दिखा।''

हबीब उनके सामने आ खड़ा होता, पिता जिधर जाते। हबीब नहीं चाहता था कि पिता महमूदकोट छोड़कर चले जाएँ। यह वही हबीब था जो खूब अच्छा गाता था। पिता रामलीला में रामबनवास को जा रहे होते-राम बनकर। पर्दे के पीछे खड़ा हबीब गा रहा होता—मुतरन्नुम आवाज में—राज के बदले, माता जी मुझको दे दिया हुकुम फ़क़ीरी का।

हबीब गा रहा होता और लोगों की आँखों से टपटप आँसू बह रहे होते। अजीब बात थी। अन्तिम पद को गाते-गाते, खुद हबीब भी रोने लगता।

पिता उस हबीब को छोड़ आये। उदास हबीब था। उदास पिता थे। बीच में विभाजन की नामुराद लकीर थी।...कितने सालों बाद, पिता हबीब को याद करते...रो पड़ते।

पिता अपने हेडमास्टर साहब, मौलवी खुदा बख्श को कैसे भूलते! उनकी आत्मीयता को किस रस्सी में बाँधते? मौलवी खुदा बख्श, जिन्होंने इल्म के साथ-साथ, शायरी का पाठ भी पढ़ाया। तरही मिसरे किसी मुश्किल सवाल की तरह हल करवाये। कभी-कभी वो खुद किसी तरही मिसरे पर अटके तो पिता को स्लेट पर मिसरा लिखवाते—शेर पूरा करने के लिए...गिरह लगाने के लिए।

एक तरही मिसरा तो बड़े खिलंदड़े किस्म का था। बहुत प्रयास के बावजूद हेडमास्टर साहब गिरह न बाँध सके। उन्होंने पिता को मिसरा लिखवाया—रूमानी और मसखरी पंक्ति-दिले नादाँ को आदत है पराये घर में जाने की।

पिता ने थोड़ी देर में स्लेट पर शेर लिखा और हेडमास्टर साहब को सुनाया।

शेर बेशक हल्का-फुलका था। लेकिन था दिल फ़रेब। शेर यूँ हुआ था—बहुत मारा बहुत पीटा बहुत झाड़ा बहुत झपटा/दिले नादाँ को आदत है पराये घर में जाने की!

शेर पढ़कर, हेडमास्टर मौलवी खुदा बख्श ने पिता की पीठ थपथपायी। बहुत खुश हुए।

महमूदकोट छूट रहा था। दोस्त हबीब छूट रहे थे। हेडमास्टर साहब भी पीछे

छूट रहे थे। और थानेदार कादर बख्श लहीम-शहीम शख्सियत के मालिक, रुखसत के वक्त पिता को बेबस होकर देखते खड़े रहे।

ये वही थानेदार कादर बख्श थे जिन्होंने पिता को गिरफ़्तार होने से बचाया था। पिता ने एक अफ़साना लिखा था 'बड़े दिन की छुट्टी'। अँग्रेजी हकूमत के खिलाफ...आग उगलता अफ़साना! नतीजा? अखबार जब्त और पिता की गिरफ्तारी के वारंट। थानेदार कादर बख्श को करनी थी कार्रवाई! वो जानते थे प्रीतमलाल को पकड़ लिया तो उम्रभर सड़ता रहेगा जेल में। थानेदार कादर बख्श हरकत में आये। तुरन्त भेजा अपना विश्वस्त कारिन्दा। इस 'रुक्के' के साथ कि प्रीतमलाल जितनी जल्दी हो सके शहर छोड़कर भाग निकले।

पिता महमूदकोट छोड़कर, कोटअदू चले आये। उनके साथ उनका अभिन्न दोस्त हबीब था। पिता कोटअदू में रहे कई दिन।

कादर बख्श को जब यक़ीन हो गया कि प्रीतमलाल घर में नहीं है तो वो घोड़ी पर बैठकर, चन्द सिपाहियों के साथ, पिता के घर पहुँचे। घर की तलाशी ली। और रपट तैयार की, 'बड़े दिन की छुट्टी' जैसा अफ़साना लिखनेवाला अफ़सानानिगार इस शहर में नहीं रहता।

बुलबुले-मुल्तान-कश्फ़ी

और पिता के आत्मीय दोस्त और ऊँचे पाये के शायर कश्फ़ी!

कश्फ़ी! फक्कड़पन की अज़ीम मिसाल थे। एक बार महमूद कोट आये। महमूद कोट में दो सभाएँ थीं—श्रीराम सभा तथा श्रीकृष्ण सभा। दोनों सभाओं के मोअज़िज़ लोग और बाकी सब ख़लकत। कश्फ़ी साहब ने दो नज़्में सुनायीं श्रीरामचन्द्र की अक़ीदत में... दूसरी श्रीकृष्ण की शख्सियत पर। कश्फ़ी साहब ने ऐसा समां बाँधा कि लोग उनके मुरीद हो गये।

शहर बेशक गरीब था लेकिन लोग दरियादिल! फिर मामला आस्था का भी तो था। लोग जज्बाती हो उठे। नज़्मों का ऐसा तिलिस्म कि नोटों की बारिश होने लगी। बहुत देर तक लोग, कश्फ़ी साहब पर नोट लुटाते रहे। बाद में सब शान्त हो कर बैठ गये। कश्फ़ी साहब ने नोटों से भरे थाल पर जरा-सी नजर डाली। बोले, "साहेबान! ख़ाकसार की नज़्मों को आपने बेहद पसन्द किया। उसके लिए शुक्रगुजार हूँ।"...वो रुके थोड़ा-सा फिर शाइस्तगी से बोले, "थाल में पड़े आधे पैसे रामसभा के लिए...आधे कृष्णसभा के लिए।"

पहले तो लोग हतप्रभ रह गये। फिर खूब तालियाँ बजीं। इन सभाओं में कोई कथावाचक, कथा बाँचने आता तो ज्यादा से ज्यादा दान देने की अपील करता। इधर शायर कश्फ़ी थे। नोटों से भरे थाल को छोड़कर उठ खड़े हुए थे। पिता के साथ

बाहर घूमने निकले। छोटा-सा बाजार था महमूदकोट शहर का। बाजार से गुजरते हुए कश्फ़ी साहब ने पिता से कहा, "अरमान! (हमारे पिता का तख़ल्लुस अरमान था) एक दुअन्नी देना। लैम्प की सिगरेट का एक पैकेट खरीदना है।...मेरे पास पैसे नहीं हैं।"

भौचक रह गये पिता। देखते रह गये कश्फ़ी को। बन्दे की जेब में दुअन्नी तक नहीं थी और वो छोड़कर चला आया था नोटों से भरे थाल को।

पिता जब शहर छोड़कर रुखसत होने लगे तो मुल्तान के अज़ीम शायर कश्फ़ी उनसे मिलने आये। दोनों शायर-कश्फ़ी और हमारे पिता—बा-चश्मेनम! दोनों चुप। दोनों की आत्माएँ बेचैन। जिस्म थरथराते हुए।

विभाजन के वक्त पिता ने कुछ जरूरी सामान रस्सियों में बाँध लिया था लेकिन आत्मीयता को किस धागे में बाँधते! गैरजरूरी सामान पिता के साथ चला आया। लेकिन मुहब्बत, दोस्ती, खुलूस, तपिश, बेफिक्री, मस्ती, आवारगी और दीवानगी महमूदकोट में धरे रह गये!

पिता कभी-कभी बुहत भावुक हो उठते। पीछे छूट गये दृश्य उनके अन्दर जिन्दा होकर, सामने आ खड़े होते। पाकिस्तान का मुल्तान। मुल्तान का ज़िला मुज़ाफ़्फ़रगढ़ का शहर महमूदकोट।...दृश्य खुलते चले जाते। पिता की आँखें भीगती रहतीं। लकड़ी की कुर्सी पर बैठे पिता खुद ऐसी लकड़ी के नजर आने लगते जो गीली हो और सुलग रही हो। शायद संसार के हर शरणार्थी की यही कैफ़ियत होती हो।

वो टूटी हुई हत्थीवाली कुर्सी पर बैठे होते। ऐसा लगता एक और हत्थी भी टूटी है—उनकी आत्म की हत्थी। फिर वो बुल्लेशाह की काफ़ियाँ गाने लगते-भरे मन और भीगी हुई आवाज के साथ—

ओहने केड़ी गल्लों नजराँ ने फेरियाँ
राताँ जाग-जाग लंघदियाँ मेरियाँ
लगे दिल उत्ते ज़ख़म दिखावाँ
जे कद्दी मेरा यार मिल जाए
ओहदा बंण के फिरां मैं परछावाँ
जे कद्दी मेरा यार मिल जाए
ओहदे नाम दा जपाँ मैं सरनामाँ
जे कद्दी मेरा यार मिल जाए

फिर एकदम चुप। एक शरणार्थी की चुप्पी भी शरणार्थियों जैसी होती। पता न चलता कि वो याद कर रहे हैं या विस्मृत! वो दो वतनों के बीच, स्मृतियों के 'नो मेंस लैंड' में भटक रहे होते। तब वो एक जटिल इनसान नजर आते। न समझ

आनेवाले इनसान। कभी-कभी वो कमरों में, कुछ ढूँढ़ते हुए नजर आते। एक कमरे से दूसरे कमरे में, फिर तीसरे कमरे में। पुराने कमरे। पुराना आदमी लेकिन यादें नयी। पता नहीं वो किस चीज की तलाश कर रहे होते। जो पाकिस्तान में छोड़ आये थे, उसकी तलाश इन कमरों में। बेहद गमगीन नजर आते हमारे पिता। वही लकड़ी की कुर्सी। टूटी हुई हत्थी। और उखड़े हुए-से वो खुद। वो आसमान की जानिब चेहरा उठाते। शेर बोलते। जैसे शेर हमें नहीं, दसों दिशाओं को सुना रहे हों। आसमान, हवा, चाँद-सितारे सब उनके अन्दर समा जाते। वो खुद एक दुनिया बन जाते। एक शरणार्थी की दुनिया, बेघरी की वेदना व्यक्त करती हुई—तूफ़ान को जुल देके तो बच आयी थी कश्ती/साहिल की हवा खाके मगर डूब गयी है

दिक्कत यही थी। जो यथार्थ था उसे स्वीकार करना मुश्किल था। पिता के लिए, माँ के लिए और अन्य सभी शरणार्थियों के लिए। जो अपना था। वो अपना लगना चाहिए था। विडम्बना यही थी, जो अपना था वही बेगाना लगता था। अतीत किसी फ़रेब, किसी छल की तरह सामने आ खड़ा होता।

हौलनाक मंज़र

पिता अपनी माँ और चार भाइयों के साथ रेलगाड़ी में बैठे थे। रेलगाड़ी तक सुरक्षित वो यूँ ही नहीं आये थे। थानेदार कादर बख्श कुछ सन्तरियों के साथ उन्हें छोड़ने आये थे। रेलगाड़ी में बिठाकर वो बड़ी गमज़दा आवाज में बोले, ''प्रीतमलाल, यहाँ तक की जिम्मेदारी मेरी खत्म हुई।... आगे खुदा पर भरोसा रखना।''

लेकिन बीच रास्ते रेलगाड़ी रोक ली गयी। बलवाई हिंसक थे ...क्रोधित और आक्रामक! बेतरतीब ग़ुस्सैल आवाजों के साथ वो जिसे चाहते, मार गिराते। कत्लोग़ारत का खेल और भयभीत सब!

पिता के चार भाइयों में से जो सबसे ज्यादा ताकतवर था, उपद्रवियों ने उसे खींचा, लताड़ा और उतार लिया। रेलगाड़ी की बन्द खिड़कियों से जरा-सा दृश्य देखते रहे बाकी के चार भाई। चार भाई रेलगाड़ी में। एक भाई प्लेटफॉर्म पर। उपद्रवियों के कब्जे में। सहमा हुआ। डरा हुआ। कातर दृष्टि से देखता हुआ—सरकती हुई रेलगाड़ी को। पिता अपनी माँ और भाइयों के साथ बैठे थे। पिता की माँ, टपटप आँसू बहाती हुई। भाई स्तब्ध! खामोश और दुखी!

चारों भाई कुछ न कर पाये। रेलगाड़ी चल पड़ी। बहुत दूर निकल आयी। भाई चुप। शर्मसार। अपनी कायरता पर शर्मसार या अपनी बेबसी पर।

चारों भाई बहुत दूर निकल आये। एक भाई प्लेटफार्म पर खड़ा रहा—हाथ उठाकर दया की भीख माँगता।

पिता के चारों भाई इसी मोहल्ले में रहते थे थोड़ी दूर पर। पिता दफ्तर से

वापिस आते। उनसे मिलने चले जाते। रोजाना, अनुपस्थित भाई उपस्थित हो जाता।

चारों भाई खामोश हो जाते। फिर कोई बोलता, ''किशन होता तो हम पाँच होते।''

''क्या पता वो ज़िन्दा हो?''

''क्या पता?''

''क्या पता वो मार दिया गया हो!''

''क्या पता वो उनके चंगुल से भाग निकला हो?'' इस सम्भावना पर एक पल के लिए चारों भाई खुश नजर आते।

फिर कोई भाई कहता, ''हम डरपोक निकले। डरपोक...कायर और मतलबपरस्त। अपने भाई को नहीं बचा सके।'' अपराधबोध मुखर हो उठता।

''आप बजा फरमाते हैं।'' पिता कहते। भारी मन के साथ। उदास-उदास। चुप-चुप। सोचते हुए पिता!

पिता और उनके भाई बोलते-बोलते खामोश हो जाते। एक ऐसा वक्त आता जब चारों जन किसी नामालूम दुनिया में प्रस्थान कर जाते। जिस्म उपस्थित, आत्माएँ यात्रा पर। चार जन। ज्यादा बोलनेवाले चार जन। चार भाई। और खामोश। न शब्द, न आवाज। सिर्फ खामोशी। खामोशी के तिनके। सिर्फ सन्नाटा। सन्नाटे का हाहाकार।

चुभती हुई चुप्पियों के बीच चार भाई होते। एक भाई का न होना, उनकी चुप की तहरीर होता। अभाव शब्दों का होता और अभाव अर्थ का भी। चार परिवारों में कमानेवाला सिर्फ एक—हमारे पिता। तन्खा कम। जिम्मेदारियाँ बेइन्तहा। पिता हमेशा संकट में दिखाई देते। ऐसा लगता कोई शंट करता इंजन, उन्हें, कभी जिन्दगी की मेन लाइन पर ले आता है तो कभी लूप लाइन पर।

पिता चुप चले आते। मुड़कर देखते। एक बेचेहरा खामोशी उनके पीछे-पीछे चली आती।

हमारी माँ लीला

लीला इन्तजार में होती। लीला हमारी माँ! वो पानी का लोटा, तौलिया लेकर गुसलखाने के पास खड़ी, पिता का इन्तजार करती। माँ जिन्दगी का प्रतीक्षालय प्रतीत होती। जिसे सिर्फ एक मुसाफिर का इन्तजार होता—अपने पति का।

माँ लोटे से पानी की बहुत हल्की-सी धार छोड़ती। ऐसा लगता कोई बारिश की धार है। माँ बादल नजर आती। ऐसा लगता वो पिता के हाथ नहीं धुला रही, बादल राग गा रही है। दोनों चुप होते। माँ भी। पिता भी। कनखियों से माँ पिता को देख लेतीं। जैसे उसने कोई बिम्ब चुराया हो या कोई दृश्य! पिता भी माँ को जरा-सा देखते। ऐसे देखते जैसे जिन्दगी को कोई करीब से देखता है।

हम भाई-बहनों को वो मंज़र खूबसूरत लगता। हम मन-ही-मन ईश्वर से प्रार्थना करते कि लोटे का पानी कभी खत्म न हो। पानी की धार कभी न टूटे। पिता यूँ ही हाथ धोते रहें। माँ हाथ धुलाती रहे। दोनों एक-दूसरे को देखते रहें। अपने-अपने शब्दों को कहीं छुपाकर, वो खामोशी की भाषा में बात करते रहें।... पानी की धार की हल्की-सी आवाज। शेष चुप!

लेकिन कई बार मामला बिगड़ जाता। पिता के अन्दर कोई गुस्सा होता। अचानक फूट पड़ता। पिता अपना गुस्सा लीला पर उतारते या हम पर। गुस्सा उतारने के लिए माँ सबसे ज्यादा सुलभ तत्त्व थीं।

माँ की अजीब फितरत थी। जब पिता गुस्से में होते, माँ अपनी भाषा भूल जाती। बोलना भूल जाती। उसके पास न शब्द होते न आवाज। वो खामोशियों की खपच्चियों से पिता के ग़ुस्से का सामना करती। एक धार लोटे से पानी की बह रही होती। दूसरी धार आँखों से। माँ अपना प्रतिवाद आँसुओं के जरिये करती। माँ के प्रतिवाद में हम सब बच्चे भी शामिल हो जाते। हम, बहुत ज्यादा शोर मचानेवाले बच्चे, एकदम चुप हो जाते। माँ की चुप में, हम सबकी चुप्पियाँ शामिल हो जातीं।

बहुत देर बाद माँ किसी अकेले-अँधेरे कोने में बैठकर गा रही होती—

मैं नींवाँ मेरा मुरशद उच्चा
ते अस्सी उच्चियाँ दे संग लायी
सदके जावां उन्ना उच्चियाँ दे
जिना नीवियाँ नाल निभायी

हम सब बच्चे खामोशी के टूटने की प्रतीक्षा करते। हम चाहते ऐसी कड़ियल खामोशी खत्म हो जाए। हम बेचैनी महसूस करने लगते। धीरे-धीरे वही होता जो हम चाहते। बर्फ गलने लगती। सन्नाटा छँटने लगता। आवाजें उभरने लगतीं। उन आवाजों में पिता की भी आवाज होती—तेरी महफिल में तही (खाली) जाम लिये बैठा हूँ।

कभी-कभी लगता हमारे घर में माँ और पिता दोनों आउटर सिगनल की तरह हैं। सारी कायनात, सारे हंगामों से दूर। कई बार लगता दो अजनबी एक ऐसी सराय में चले आये हैं जहाँ चुप रहना पहली शर्त है।

कई बार ऐसा भी होता—सर्दियों के दिन होते, सुर्ख अंगारों की अँगीठी होती। अँगीठी के उस तरफ माँ इस तरफ पिता। अंगारों की ताब में दोनों के दमकते चेहरे। वो दोनों, देर तक बोलते रहते। मुस्कराते रहते। जैसे उन्हें संवाद मिल गये हों। जैसे उन्होंने एक-दूसरे को पहचान लिया हो। जैसे दो आउटर सिग्नल चल पड़े हों और फिर बिलकुल करीब आकर खड़े हो गये हों—मुद्दतों के किस्से सुनाते हुए।

हमने कई बार पिता को माँ का हाथ थामे हुए देखा। ऐसा लगता वो हाथ की लकीरें देख रहे हैं। दरहक़ीक़त, वो माँ के हृदय की लकीरों को छू रहे होते। माँ की आँखें नम होतीं और पिता की आँखें सजल। वो क्षण अद्भुत होते। कोई किसी से कुछ न कहता। न कहने के बावजूद, जैसे दोनों एक-दूसरे की बात समझ रहे हों।

बहुत देर बाद पिता की आवाज उभरती, ''लीला, कुछ चाहिए?''

''नही।'' माँ कहती। इनकार में सिर हिलाती। पूछती, ''पैसे खत्म हो गये हैं शायद।''

माँ को पता नहीं कैसे मालूम हो जाता कि पिता की जेब खाली हो चुकी है। वो तत्काल उठती। मिट्टी का गुल्लक उठाती। फर्श पर पटकती। कुछ चिल्लर, कुछ नोट। मुट्ठी में भरती। पिता के सामने रख देती।

गुल्लक टूट जाता। दिल जुड़ जाते।

दुख जैसे एक गठरी का नाम हो। दोनों एक साथ खोलते। एक साथ बन्द करते।

कुछ दिन बाद माँ कुम्हारों से मिट्टी का एक और गुल्लक ले आती। माँ बड़े प्यार से गुल्लक को सहलाती। माँ जानती थी, वो जिस गुल्लक को सहला रही है, उसकी उम्र भी कम होगी। किसी न किसी दिन वो भी टूटेगा। और वो टूटता।

पिता जब माँ का हाथ थामकर बैठते तो हमें बहुत अच्छा लगता। तब हमें वो प्रेम कविता के अतिरिक्त, अभाव की कविता भी महसूस होती। दो स्त्री-पुरुष, अपनी सारी भाषाओं को त्यागकर, चुप की तख्तियाँ बन जाते। जिस पर सिर्फ एक लफ़्ज़ लिखा होता—साथीपन!

पिता माँ का हाथ थामते। लेकिन माँ के आँसू थामने की तरकीब वो नहीं जान पाये थे। हम छोटे बच्चे किवाड़ के पीछे छुपकर इस संवेदना से भरपूर दृश्य को देखते। पिता हमें समन्दर लगते, माँ नदी। पिता आसमान लगते, माँ पृथ्वी। पिता एकान्त लगते, माँ एकान्त की परिभाषा। पिता शायर लगते, माँ कोई काफिया लगती। पिता रेलवे के बड़े बाबू लगते और माँ बिना टिकट यात्रा करती कोई यात्री। माँ की तमाम यात्राएँ, थका देनेवाली यात्राएँ थीं।

एम.आई. खान

सरहद के साथी बकरवाल

मुझे कश्मीर स्थित लाइन ऑफ कंट्रोल पर तैनाती मिली है। जिसके पार पाकिस्तान और चीन की सीमा शुरू हो जाती है। जून का महीना है, लेकिन मौसम सुहावना। मुझे लाइन ऑफ कंट्रोल पर शीघ्र पहुँचना है। पर मेरे कन्धे पर मेरा तीन वर्षीय बेटा सैफ सवार है, जिसे सब शंकर नाम से बुलाते हैं। मैं कदम दरकदम ऊँचाई पर स्थित गंतव्य की ओर बढ़ता जा रहा हूँ। मेरी आँखों के सामने लाइन ऑफ कंट्रोल पर झुकी वह पहाड़ी झाँक रही है, जहाँ से दोनों तरफ की सीमाएँ दिखाई दे जाती हैं।

मेरे साथ बीएसएफ के अन्य जवान भी हैं, जो कदम सँभालते आगे बढ़ रहे हैं। कन्धों पर उनका अपना सामान है, मगर मेरे कन्धे पर मेरा बेटा है। सेना में अपना बोझ खुद ही ढोना होता है।

चलते-चलते अचानक मेरा ध्यान बकरी और भेड़ों के उस झुंड की तरफ गया, जिसका कारवाँ एक हट्टे-कट्टे चरवाहे की देखरेख में ऊँचाई की ओर बढ़ता जा रहा था। यह कारवाँ एक स्थान से दूसरे स्थान की यात्रा के दौरान घरेलू औरतों और साजो-सामान को टट्टुओं पर लाद जीवन की सभी चीजों के साथ आगे बढ़ता है। यह एक बकरवालों का कारवाँ है, जिसे आज मैं बेहद करीब से देख रहा था।

इतने में एक प्रभावशाली आवाज मेरे कानों में गूँजी—''साहब! बच्चे को मुझे दे दो। मैं उठा लेता हूँ इसे।''

मैंने पीछे मुड़कर देखा। एक स्लेटी रंग के बालोंवाला रोबदार व्यक्ति था जो अपने 70वें पड़ाव पर होगा, तीखे नैन-नक्श लिये हुए था। जिसका चौड़ा माथा मोतियों रूपी पसीने की बूँदों से जगमगा रहा था। इससे वह एक दृढ़ इरादोंवाला इनसान लग रहा था।

मैं उनकी ओर मुखातिब हुआ और उस बुजुर्ग आदमी के आगे-पीछे हो लिया। उसके कदम ठोस और वजनदार तरीके से आगे बढ़ रहे थे। मैंने उनके रेहड़ की ओर देखा, वह एक आवाज के साथ आगे बढ़ता जा रहा था—हरी घास के तिनकों, झाड़ियों की पत्तियों को चरता। उसके पीछे एक टिटकारी थी, जो बीच-

बीच में सुनाई पड़ती।

मौका पाते ही जवानों ने अपना सामान खोलकर रख दिया। थोड़ी देर में उनके द्वारा तैयार की गयी चाय खिदमत में पेश की गयी। एक कप चाय हमारे साथ चल रहे कारवाँ के मालिक ने भी पी। चाय पीते हुए मैं बकरियों और भेड़ों के झुंड के साथ चलते बकरवालों के बारे में सोच रहा था, जिनके साथ उनकी माँ, बेटियाँ और पत्नियाँ भी बेफिक्र होकर निकल पड़ती हैं। बकरवाल सदियों से इसी प्रकार पहाड़ों की यात्रा करते आ रहे हैं। कभी सरहदों के उस पार तो कभी इस पार। ऊँचे पहाड़ों पर समतल चरागाहों की तलाश में भटकते। इस वक्त इनका साथ मुझे रास आ रहा था। उनकी जीवन शैली की उत्पत्ति और सांस्कृतिक विरासत को जानने की मेरे भीतर उत्सुकता जाग पड़ी। पहले मैंने बकरवाल स्वामी का नाम जानना चाहा तो उसने अपना नाम अकबर बताया। वह बकरवाल परिवार का मुखिया भी था। कुर्ता-पैजामा के रूप में इनका संजीदा पहनावा, स्थानीय कारीगरों द्वारा बनाया गया कमर बाँधा शॉल और सर पर पगड़ी से उनकी पोशाक अफ़गानी चरवाहों की तरह लग रही थी। लम्बोतरे चेहरे पर लम्बी नाक, मजबूत कन्धे, गोरा रंग, ठोस कद-काठी की इस जनजाति ने आरम्भ में लगभग 300 वर्ष पहले अफ़गानिस्तान से विस्थापित होकर पश्चिमी हिमालय के ऊँचे स्थानों को अपना निवास बनाया। इस घुमन्तू जनजाति का विश्वास है कि उनकी उत्पत्ति की गाथा महाभारतकाल के दिनों से है। सर्दियों के दौरान इनके वंशज पुराने व्यापारिक मार्ग का इस्तेमाल भारत आने के लिए करते थे और गर्मियाँ आते-आते वे वापस ऊँची पर्वतश्रेणियों की ओर बढ़ जाते।

अकबर ने बताया कि वर्तमान में उन्होंने जम्मू को सर्दियों का आश्रय बनाया हुआ है, जबकि गर्मियों में कश्मीर घाटी की ओर निकल जाते हैं, जहाँ वे पहाड़ों के ऊँचे स्थानों को अस्थाई निवास बनाते हैं। कुछ पल ठहरकर उसने अपने निवास स्थलों के सामान्य विस्तार के बारे में बताया। मैंने अकबर के चेहरे की तरफ फिर देखा। वह वैसा मुस्कराया जैसे अपने और अपने बीवी-बच्चों के बारे में कुछ बताना चाह रहा हो। बीवी-बच्चे साथ हैं। अपनी परम्परागत वेशभूषा में स्त्रियों के गुलाबी चेहरे ऐसे झाँक पड़ते हैं जैसे बादलों के बीच कोई विचरता चाँद। यह उपमा शायद इनके लिए उपयुक्त न हो। पर उनका जीवन पुरुषों के समान ही कठोर और मेहनती है। ये भेड़-बकरियों के चराने से लेकर उनके दुहने और सेवा-सुश्रूआ करने की सारी जिम्मेदारी सँभालती हैं। यात्रा में आनेवाली मुश्किलों/आँधी-तूफानों को बर्दाश्त करती हैं। जहाँ जरूरत होती है, वहाँ अस्थायी घर बनाने में पूरी मदद करती हैं। पुरुषों से ज्यादा उनकी स्त्रियाँ भेड़-बकरियों के स्वभाव को ठीक ढंग से पहचानती हैं। शाम को जब इनका कारवाँ ठहर जाता है औरतें भेड़ और बकरियों का दूध निकालती हैं और सबको पीने के लिए देती हैं। फिर चूल्हा सुलगाती हैं और रात

का भोजन तैयार करती हैं। फिर अलाव जलाकर पुरुष सुरक्षा के बीच सो जाती हैं।

सुबह की पहली किरण के साथ वे फिर अगली यात्रा पर निकल पड़ती हैं।

बकरवाल परिवारों को खुले क्षेत्रों में छप्पर युक्त घर बनाने का पूरा अवसर मिलता है। वे एक ऐसा घर बनाते हैं जहाँ सब लोग एक साथ रह सकें। अमूनन वे अपना घर उपलब्ध संसाधनों जैसे मिट्टी, पत्थर, टहनी व सूखी घास से बनाते हैं। घर का आधा हिस्सा पालतू जानवरों के लिए होता है, जिसमें सामान्यत: गाय, बकरी और भेड़ शामिल होते हैं। घर का एक कोना रसोई के लिए होता है और बराबर की खुली जगह पूरे परिवार द्वारा साझा की जाती है। इस प्रकार के स्थाई प्रबन्ध को स्थानीय भाषा में 'ढोक' कहते हैं। 'ढोक' शब्द इनके जीवन और वनस्पति जगत के प्रति लगाव के लिए जाना जाता है। जिससे लगता है कि वे अपने ग्रामीण जीवन से बेहद खुश और सन्तुष्ट रहते हैं। प्रकृति के प्रति उनका प्रेम और रोमांच उन्हें निरन्तर गतिशील और जीवन्त बनाये रखते हैं। मैंने उनसे पूछा कि यदि उन्हें आधुनिक सुविधा-सम्पन्न एक स्थाई घर में रहने का अवसर मिलता है तो क्या वे बंजारा-जीवन शैली को छोड़ देंगे?

अकबर साफ शब्दों में बताते हैं कि बकरवाल परिवार स्थाई घर बनाकर रहना पसन्द नहीं करते हैं। लेकिन जो वंशश्रेणी के बकरवाल परिवार घुमप्तू और संघर्षभरे जीवन से सामंजस्य नहीं बैठा पाते, आखिर वे जम्मू-कश्मीर के कुछ इलाकों में स्थाई घर बना कर रहना सीख गये हैं। अकबर उन्हें वंशानुगत, भाई 'गुर्जर' कहकर बुलाते हैं, जिन्हें कश्मीर में 'गोजरी' नाम से जाना जाता है। 'बकरवाल' शब्द की उत्पत्ति उनकी जीवन-शैली से उपजी है। जहाँ वे अपने पालतू जानवर भेड़ और बकरियों की देखभाल करते हैं। जिसे सामान्य रूप से 'बकरी' कहकर बुलाया जाता है। इसलिए आदिकाल से ही वे बकरवाल कहे जाने लगे।

अपना हाल बताते-बताते अकबर खाँसने लगता है। थोड़ा रुककर वह कहता है—"हमारा अधिकांश समय पहाड़ी सीमाओं को लाँघते, आते-जाते गुजरता है। सेना के जवानों से उनकी मुलाकात होती ही रहती है। कई बार जब सरहद पर युद्ध जैसा माहौल बनने लगता है तो हम समझ जाते हैं और भारतीय सीमा चौकियों से दूर निकल जाते हैं।"

गश्त करनेवाली सेना के सिपाही भी जब हमारे पालतू कुत्तों की मौजूदगी देख लेती है तो समझ जाते हैं कि बकरवाल अपनी भेड़-बकरियों के साथ पहाड़ों की यात्रा पर निकल पड़े हैं। लकड़बग्घों की कद-काठीवाले कुत्तों के अलावा ये अपने साथ बन्दूकें भी रखते हैं। जैसा बताया जाता है कि बकरवाल अपने आभूषण और नगदी कमर में बाँधकर रखते हैं। जब वे लम्बी यात्रा के बाद अपने घर-ठिकानों पर पहुँचते हैं तो घर परिवार की अन्य स्त्रियाँ गर्म दूध का गिलास लेकर खड़ी मिलती

हैं, जिसे पीकर वे तरोताजा होते हैं।

मक्के की रोटी, साधारण दाल और सब्जी उनकी बुनियादी खुराक में शामिल है और कभी-कभार वे खाने में मांस का सेवन भी करते हैं।

बकरवालों का पूरा जीवन कठिनाइयों भरा है। ये लोग भेड़-बकरियों को पालने में जीवन लगा देते हैं। उनके जीवनयापन का मुख्य साधन भेड़-बकरी पालन ही है। वे भेड़-बकरियों के बालों को सरकारी व्यापार केन्द्रों के हाथ बेचकर पैसा कमाते हैं। कुछ बकरवाल परिवार पहाड़ी खेती करते हैं और उसे अपनी आय का स्रोत बनाते हैं। बकरवाल पारम्परिक वेशभूषा, सलवार जंफर के साथ-साथ पगड़ी भी पहनते हैं। इनकी स्त्रियाँ भी ढीला-ढाला सलवार कुर्ता पहनती हैं और सर पर रंगीन दुपट्टा बाँधती हैं। अपने पारम्परिक स्वरूप में लड़कियाँ वधू के वस्त्रों को खुद निर्मित करती हैं, जो शादी के वक्त उन्हें अर्पित किये जाते हैं।

इस्लाम धर्म में इनकी गहरी आस्था है। तथापि वे कट्टरपन्थी नहीं हैं। शादी-ब्याह इस्लामिक कायदे-कानून के अनुसार ही होते हैं। सामान्यतः माता-पिता जोड़ियों का निर्धारण करते हैं। शादी के रस्म-रिवाज कश्मीरी परम्परा के अनुसार होते हैं। मेहंदी रस्म कश्मीरियों के बीच काफी प्रचलित है, जिसका निर्वाह हर हाल में होता है। मेहंदी नौजवान स्त्रियों द्वारा वधू को लगायी जाती है। इसके बाद वधू को पारम्परिक परिधान सलवार-कुर्ता के साथ रंग-बिरंगे आभूषण पहनाये जाते हैं। वधू के बालों को अनेक चोटियों में गूँथा और सजाया जाता है। जब बारात दिखने लगती है, परम्परागत रिवाज के अनुसार बारात को रोकने के लिए बाधा उत्पन्न की जाती है, फिर बारात पक्ष के बुजुर्ग या दूल्हे के रिश्तेदार इस बाधा को हटाने का काम करते हैं। इस साहसिक कार्य का सब हर्षाभिनन्दन करते हैं। इसके बाद वैवाहिक उत्सव विधिपूर्वक सम्पन्न होता है। एक तयशुदा राशि; जिसे मेहर कहते हैं, वरपक्ष की ओर से तय की जाती है। फिर काजी या धार्मिक पंडित 'निकाह' की प्रक्रिया पूरी करते हैं। किसी भी तरह का दहेज नहीं दिया जाता, लेकिन दुल्हन और रिश्तेदारों की ओर से उपहार दिए जाते हैं। इस तरह के उत्सवों में लोकगीत और नृत्य की पूरी तैयारियाँ की जाती हैं जिसे पहाड़ी जनजाति की खास मुद्राओं और भंगिमाओंवाले सामूहिक नृत्य कह सकते हैं। ढोल, मंजीरा, चंग, ढपली और बाँसुरी कुछ ऐसे ही वाद्ययन्त्र इन उत्सवों में प्रयुक्त किये जाते हैं।

बकरवालों के बीच पुनर्विवाह को तरजीह दी जाती है और वे आदमी, जो विदुषी से विवाह करते हैं, समाज में उनका ऊँचा स्थान होता है। मुस्लिमों में प्रचलन के अनुसार मृत व्यक्ति को जमीन में दफनाया जाता है। दफनाते वक्त खास प्रार्थना का आयोजन किया जाता है जिसे नमाज़-जनाजा कहते हैं।

बकरवाल समाज को आधुनिक विकास से परहेज है—ऐसा कहना गलत

होगा। अब इनके बच्चे भी शिक्षा, नौकरी और जीवन की अधिक स्थिर जीवनशैली की ओर अग्रसर हैं। लेकिन क्या वे जीवन जीने की पारम्परिक जनजातिवाली जीवन शैली से निकलकर वे बाहर आएँगे—यह एक प्रश्नचिह्न अब भी बना हुआ है।

बकरवालों की जीवन-शैली, उनकी परम्पराएँ, कद-काठी, मवेशी, उनका कारवाँ सब धीरे-धीरे आँखों के सामने से ओझल होता जा रहा है। लेकिन, 'साहब, बच्चा मुझे दे दो' की गूँज बड़ी देर तक मेरा पीछा करती रहती है।

प्रियदर्शन

यह नाथुला है—सबके साझे का अनन्त घोषणापत्र

सरहद से कुछ पहले से शुरू करें सरहद की बात। यह 2008 का साल था—नवम्बर का महीना, जब हम अनजाने एक सरहद पर पहुँच गये थे। अपनी हमेशा की योजनाविहीन हड़बड़ी के साथ हमने एक दिन अचानक तय किया कि सिक्किम चलें। उसी दिन मालूम किया कि ट्रेन से दिल्ली से न्यू जलपाईगुड़ी जाना होगा और फिर बाकी सफर सड़क के रास्ते होगा। हमने टिकट लिया और चल पड़े।

दिल्ली से न्यू जलपाईगुड़ी पहुँचने के बाद जब हम कार से गंगटोक के लिए निकले तो पहाड़ों के साथ मुड़ती और बहती हुई तीस्ता नदी के समानान्तर चलते हुए हमें यह एहसास हो गया था कि हम देश के ऐसे हिस्से में जा रहे हैं जो मुख्य भूमि से बहुत दूर है। हालाँकि यह मुख्यभूमि का मुहावरा भी राजनीति का गढ़ा हुआ है जो दिल्ली को केन्द्रीय मानती है और उसके हिसाब से हाशिए तय करती है। लेकिन एक बार पूरब के मैदानों को पार करते हुए जब आप सिक्किम या ऐसे ही किसी दूसरे इलाके के पहाड़ी रास्तों पर होते हैं तो पाते हैं कि धीरे-धीरे व्यवस्थाएँ घटती जाती हैं और उनकी जकड़ बढ़ती जाती है।

बहरहाल, इस राजनीति की बात बाद में, पहले वह रास्ता जो हमें ऊँचाइयों के करीब ले ज़ा रहा था। तीस्ता नदी के साथ लगे पेड़ और दूर तक दिखते पहाड़ बता रहे थे कि यह एक अनूठी जगह है। करीब तीन घंटे के बेहद खुशगवार सफर के साथ हम गंगटोक पहुँचे तो एक तरह की परितृप्ति से लबालब थे। अगले दो दिन सिक्किम घूमते हुए यह परितृप्ति बार-बार अपने भीतर नये सिरे से उगती और जगह पाती रही। लेकिन असली जादू का खुलना अभी बाकी था। सिक्किम घूमते-घूमते ही ख्याल आया कि यहाँ से नाथुला बेहद करीब है—महज 55 किलोमीटर दूर। नाथुला—यानी भारत और चीन को जोड़ने या बाँटनेवाला वह इलाका जहाँ अन्तरराष्ट्रीय सरहद बहुत साफ ढंग से तय है। यहाँ तक पहुँचने का परमिट भी आसानी से मिल जाता है। तो हमने—यानी मैंने, मेरी पत्नी स्मिता और बेटे प्रखर ने—वहाँ तक जाना तय कर लिया।

अगली सुबह हम अपने सफर पर थे। जैसे-जैसे हमारी गाड़ी संकरे रास्ते में दूसरी गाड़ियों के काफिले के साथ आगे बढ़ती जा रही थी, वैसे-वैसे समझ में आ रहा था कि यह ऊँचाइयों से एक नया परिचय है। हवा की सिहरन धीरे-धीरे काटते हुए तीखेपन में बदल रही थी। रास्ते में रुककर हमने टोपी और स्वेटर का इन्तजाम किया। यह पूरा रास्ता जैसे घास, बर्फ और हवाओं ने मिलकर बनाया था। हवा बहुत तेज नहीं, बस तीखी थी—इतनी कि वह जैसे दिखाई पड़ने लगती थी। वह जैसे चारों तरफ पसरे विशालकाय उनींदे पहाड़ों को थपकी देकर सुला रही थी और फिर वहाँ से लौटकर बीच-बीच में पानी और बर्फ से बनी झीलों को हल्के-हल्के हिलकोर कर, उनकी कुछ नमी लेकर हम तक चली आती थी। एक न सुनाई पड़नेवाला संगीत उन विशालकाय घाटियों में जैसे गूँजता ही चला जा रहा था।

हम जैसे किसी सम्मोहन के वश में थे। साथ में लोग थे, गाड़ियां थीं, बेहद मुश्किल और दुरूह रास्तों का टेढ़ामेढ़ापन था जो रोमांचित भी करता था, लेकिन इन सबसे बड़ी वह भव्य विराटता थी जो हमारे चारों तरफ पसरी हुई थी—हम उसे छू नहीं सकते थे, लेकिन वह हमें जैसे छू रही थी, बल्कि उसने हमें बाँध लिया था। इस विराटता के बीच बाकी चीजें मामूली-बेमानी लग रही थीं। हम समुद्र से 10,000 से भी ज्यादा फुट की ऊँचाई पर हैं, यह ख्याल भी पीछे छूट गया था। हवा के इस खेल में ऑक्सीजन की मात्रा घटती जा रही है—यह जैसे तब तक पता ही नहीं चल रहा था।

इसी दृश्य में बँधे-बँधे एक और दृश्य हमारे सामने खुला। समुद्र तट से 12,400 फुट की ऊँचाई पर मिली जोमगो या चांगू झील। जैसे पहाड़ों के फ्रेम में किसी ने एक नीला-हरा दर्पण जड़ दिया हो। सरहद के सन्नाटे में आसमान की नीलिमा और धरती के हरेपन का अक्स लेकर यह जमी हुई सी झील जब सूरज की किरणों से जगमगाती है तो जैसे एक दमकता हुआ जादू पैदा होता है। झील के किनारे अपनी डौल-बेडौल काया लिए याक इस जादू का ही विस्तार लगते हैं। इस झील के किनारे भी हम रुके—पानी बेहद ठंडा, लगभग बर्फ होता हुआ, हवा बेहद ठंडी, लगभग बर्फ बनाती हुई। हम चीन के बेहद करीब थे।

सफर और आगे बढ़ा। धीरे-धीरे पेड़ पीछे छूटते गये, वनस्पतियाँ छोटी होती गयीं और रास्ते तक जैसे बर्फ के हो गये। फिर कुछ और ऊपर चलकर वह मुकाम आया, जहाँ गाड़ियाँ छोड़ देनी थीं। हम गाड़ी से उतरे। हमारे चारों तरफ अपने पुरानेपन की याद दिलाते पहाड़ थे। हर तरफ बर्फ और घास की आँखमिचौली चल रही थी। बर्फ कहीं घास को दबा डालती थी, कहीं घास बर्फ को ढंक लेती थी। कहीं-कहीं जैसे झील में फूलों की तरह खिली हुई बर्फ दिखाई पड़ती थी। कहीं-कहीं बर्फ ही ताल-तलैयों में बदल गये दिखते थे। पहाड़ों से दूर रहनेवाले लोगों के लिए ऐसी सुरम्यता बिलकुल अनोखी-अप्राप्य सी चीजें जान पड़ती हैं।

हमारे लिए भी, और तब 12 साल के रहे हमारे बेटे प्रखर के लिए भी यह दृश्य अभिभूत करनेवाला था। गाड़ी से उतरकर प्रखर ने बर्फ से खेलना, उसके बीच भागना शुरू किया। तभी खुला एक और राज, जो पहाड़ों पर रहनेवाली ऊँचाइयाँ अपने भीतर छुपाए रहती हैं। इस चारों तरफ फैली सुन्दरता के बीच हवा बेहद झीनी हो चुकी थी—ऑक्सीजन की कमी जैसे हमारा सीना दबा रही थी। अचानक, हम थक गये। यहाँ कुछ सीढ़ियाँ भी चढ़ना भारी लगने लगा था। लेकिन हम धीरे-धीरे, प्रकृति की इस जरूरत का पूरा सम्मान करते हुए, एक-एक कदम रखते चले गये। चन्द ही मिनटों में हम बिलकुल शिखर पर थे, और फिर वह दृश्य सामने आया, जिसने जैसे सबकी साँसें रोक दीं।

हम समन्दर से चौदह हजार फुट से भी ज्यादा ऊँचे नाथुला (दर्रे) की ज़मीन पर खड़े थे। हमारे ठीक सामने चीन था—बस एक छोटी-सी काँटों की बाड़ के पार पहले चीनी सैनिक और फिर उनकी चौकियाँ और कुछ दूर नीचे की तरफ उनके पीले-पीले घर भी दिख रहे थे। यह चीन है, मैंने खुद से कहा।

मैं हैरान था। देशों के बीच इतना कम फ़ासला होता है? इतना कम अन्तर होता है? जो सरहद मुल्कों को अलग करती है, वह मेरे लिये मुल्कों को जोड़ रही थी। नाथुला (दर्रे) की उन धवल-अर्द्धहरित ऊँचाइयों के बीच मेरे सामने वे हजारों बरस आ-जा रहे थे जो इस हिमालय के बीच एक पगडंडी बनाते अनजान मुसाफिरों के भटकने, मिट जाने, पहुँच जाने और वापस लौट जाने के गवाह रहे होंगे। हम उस सिल्क रूट पर खड़े थे जिसने सदियों तक मध्य और दक्षिण एशिया के मुल्कों को जोड़ने का काम किया है—जो भारत, तिब्बत और चीन के बीच खड़े हिमालय की विराट दीवार में एक खिड़की की तरह रहता आया है। इस रास्ते से बहुत सारा कारोबार हुआ, बहुत सारा लेनदेन हुआ—रेशम का, कपड़ों का और विचारों का भी। भारत और चीन को जोड़नेवाला बौद्ध धर्म जिन रास्तों से हिमालय के आरपार आता-जाता रहा, उनमें यह रास्ता भी एक रहा। शायद यह पाँचवीं सदी की बात होगी—यानी करीब 1600 साल पुरानी, जब फाहियान ने इन सारे रास्तों का जायजा लिया और इन पर किताबें भी लिखीं।

मेरे लिये यह भूगोल या राजनीति में नहीं, इतिहास में ले जानेवाली सरहद थी—एक सूक्ष्मता जो विराटता से बँधी थी—जो उससे अर्थ भी पाती थी और उसको अर्थ भी देती थी। भारत-चीन सम्बन्धों का जो राजनीतिक मुहावरा है, उसके पार जाकर यह एहसास नये सिरे से हो रहा था कि इन रिश्तों का—भारत और चीन के होने का—और दोनों के बीच नाथुला के होने का क्या मतलब है।

भारत और चीन की उपस्थितियाँ अपने भौगोलिक-ऐतिहासिक फैलाव में इतनी बड़ी हैं कि पहली बार आपको इसका भान ही नहीं होता कि आप किस जगह

पर खड़े हैं। यह प्रकृति की रेखा है या भूगोल की या राजनीति की या फिर इतिहास की? फिर आप महसूस करते हैं कि यह सरहद दरअसल भूगोल में ही नहीं इतिहास में भी दाखिल होती है। आप दो देशों के नहीं, दो सभ्यताओं के मिलन बिन्दु पर खड़े हैं। दोनों के पीछे करीब दो हजार साल का छूटा हुआ इतिहास है। दोनों के बीच करीब चार हजार किलोमीटर तक फैली हुई सरहद है। और यह सरहद इतनी बार बनी-मिटी, धुँधली पड़ी और गरमाई है कि दोनों देशों को बाँटनेवाली रेखा मिट गयी है। यही नहीं, भारत और चीन के बीच पहाड़ों पर बसा हुआ एक छोटा सा तिब्बत भी है जो अपनी विशिष्ट सांस्कृतिक पहचान के लिए और चीनी सरकारों के हाथों अपने राजनीतिक दमन के भी दुनिया भर में जाना जाता है। भारत ने बेशक, तिब्बती लोगों को जगह भी दी है और मान्यता भी—अब नागरिकता भी दे रहा है, लेकिन तिब्बत की स्वायत्तता और संस्कृति के सामने बने संकट अब तक कायम हैं।

बहरहाल, जहाँ तक भारत और चीन के बीच विवादों का प्रश्न है, उनकी उम्र देशों की उम्र के आगे बहुत मामूली जान पड़ती है। फिर यह ख्याल आता है कि अगर पिछले पचास वर्षों को छोड़ दें तो 2000 साल के साझा इतिहास में दुनिया के दो सबसे बड़े और सबसे पुराने मुल्कों में टकराव कभी नहीं रहा, हमेशा सदभाव ही रहा। कन्फ्यूशियस के देश ने बुद्ध को यूँ ही नहीं अपनाया और अपने ढंग से बदला, पुनर्परिभाषित भी किया।

तो उस शाम नाथुला ने भारत और चीन से—भूगोल और राजनीति से—हमारा नये सिरे से परिचय कराया। मुझे ख्याल आया कि यह राजनीति है जो सरहदों का रंग बदलती है। दूसरे विश्वयुद्ध की पृष्ठभूमि में लिखे गये ग्राहम ग्रीन के उपन्यासों में सरहदें हरी नहीं लाल दिखाई पड़ती हैं।

दरअसल यह लाल सरहद राजनीति की होती है। भूगोल की सरहदों का रंग अकसर हरा—या नाथुला की तरह उजला और पथरीला भी होता है। दरअसल भूगोल की कोई सरहद नहीं होती। वह पूरी समग्रता में होता है—अपने मैदानों, पहाड़ों, नदियों, समन्दरों और ज्वालामुखियों के साथ—इस धरती पर सबके साझे के अनन्त घोषणापत्र की तरह।

लेकिन राजनीति रेखाएँ खींचती है, राजनीति नक्शे बनाती है, राजनीति मुल्क बनाती है, राजनीति मुल्कों की छवि बनाती है और इसके साथ-साथ सरहदों की छवि भी बनाती है। वह राष्ट्रवाद के झूठे दम्भ का मान रखने के लिए सरहदों की बलि चढ़ाती है, उन्हें अमानवीय बनाती है। उस शाम सरहदों की यह राजनीति याद करते हुए मुझे बरसों पहले रघुवीर सहाय की लिखी हुई एक छोटी सी कविता 'पैदल आदमी' की कुछ पंक्तियाँ भी याद आयीं, *'जब सीमा के इस पार पड़ी थीं लाशें / तब सीमा के उस पार पड़ी थीं लाशें / सिकुड़ी, ठिठुरी, नंगी अनजानी लाशें'*।

यह खयाल भी वहीं आया कि पाकिस्तान और अफ़गानिस्तान के बीच की जो सरहद इन दिनों दहशतगर्द मन्सूबों की वजह से रक्ताक्त है, दरअसल वह दुनिया के सबसे खूबसूरत इलाकों में है। कुदरत ने जो जन्नत बख्शी है, उसे हमने जहन्नुम में बदल डाला है।

बहरहाल, शाम हो गयी थी। सूरज की अंतिम रोशनियों में नहा चुकने के बाद पहाड़ झपकियाँ लेने की तैयारी कर रहे थे, बर्फ घास के बिस्तर पर सोई हुई थी, हमारे भी वापस लौटने का समय आ गया था। उन पहाड़ी रास्तों से, एक संकरी सी कतार धीरे-धीरे नीचे उतर रही थी। मैं नाथुला को पीछे छोड़ आया था—उन पहाड़ों को भी, जो अपने सीने में न जाने किन बौद्ध भिक्षुओं, चीनी कारोबारियों और व्यापारियों की आहट और आवाजों की स्मृति दबाये सदियों से खड़े हैं। यह भारत और चीन से—अपने पुरखों से—मेरी एक नयी पहचान थी।

रवीन्द्र त्रिपाठी

जब संगीत में विस्थापन होता है

विस्थापन सिर्फ मनुष्य या किसी समुदाय का नहीं होता। कला का भी होता है। स्वाभाविक है कि कला अकेले विस्थापित नहीं होती है। जब लोग या कोई बड़ा समुदाय विस्थापित होता है तो उसके साथ कई कलाकार भी दरबदर होते हैं। और जब कलाकार विस्थापित होते हैं तो उनके साथ जुड़ी कला या कलाएँ भी उस हादसे को झेलती हैं जो इतिहास या वक्त ढाता है। यूसुफ सईद की डोक्यूमेंट्री फिल्म 'खयाल दर्पण', उस इतिहास और विस्थापन से जुड़ी हैं जिसका रिश्ता 1947 के भारत-पाकिस्तान विभाजन से हैं। सब जानते हैं कि लाखों लोग उस दौरान मारे गये। पर इसका एहसास बहुत कम लोगों को है उस दौरान कलाएँ भी आहत हुईं। साहित्य, पेंटिंग, संगीत और अन्य कलाओं के फनकार भी अपने घर छोड़ने को विवश हुए। 'खयाल दर्पण' जिस बात का इन्दराज करती है वो ये कि भारत विभाजन के दौरान हुए विस्थापन ने भारतीय संगीत को भी आहत किया।

यूसुफ सईद ने 2005 में लाहौर, कराची और इस्लामाबाद की सांस्कृतिक यात्रा की थी और उसी दौरान पाकिस्तानी संगीत के उस दौर का जायजा लिया जो 1947 से तब तक का हिन्दुस्तानी शास्त्रीय संगीत शामिल है। यूसुफ ने विशेष रूप से इस बात पर ध्यान दिया कि खयाल गायकी पर विभाजन और विस्थापन पर क्या असर हुए। बीसवीं सदी के पूर्वार्ध की खयाल गायकी उस साझी विरासत पर खड़ी थी जिसका एक महत्त्वपूर्ण केन्द्र (अविभाजित) पंजाब का लाहौर था। लगभग 110 साल पहले लाहौर में विष्णु दिगम्बर संगीत स्कूल खुला था। लेकिन जब विभाजन हुआ तो भारत के कई मुस्लिम संगीतकार पाकिस्तान चले गये और लाहौर में रह रहे, हिन्दू संगीतकार भारत आ गये। हालाँकि भारत से पाकिस्तान गये कई पाकिस्तानी संगीतकारों ने वहाँ खयाल गायकी की शास्त्रीय परम्परा आरम्भिक पन्द्रह-बीस बरसों तक कायम रखी लेकिन उसके बाद ढलान का दौर शुरू हो गया।

यूसुफ सईद की ये डॉक्यूमेंट्री कई पक्षों को रेखांकित करती है। एक तो ये कि पाकिस्तान में 1947 के बाद शास्त्रीय खयाल गायकी का विस्तार भले रुका हो

लेकिन ग़ज़ल–गायकी और कव्वाली में शास्त्रीय खयाल–गायकी और ठुमरी की कई बारीकियाँ समाहित हुईं। यही वजह है कि मेंहदी हसन, फरीदा खानम या इकबाल बानों की गायीं ग़ज़लें शास्त्रीय खयाल गायकी के करीब लगती हैं। या फिर नुसरत फतेह अली खान की कव्वाली में भी शास्त्रीयता के तत्त्व मौजूद हैं। पाकिस्तान के एक संगीत आलोचक सरवर अली, जिनका इस डॉक्यूमेंट्री फिल्म में साक्षात्कार लिया गया है, का कहना है कि पाकिस्तान में उस समय का जो माहौल था (जो आज भी है) उसमें खयाल गायकी को आवश्यक प्रोत्साहन नहीं मिल सकता था। लेकिन, सरवर अली के मुताबिक, ग़ज़ल गायकी और कव्वाली के लिए नकारात्कता नहीं थी क्योंकि पाकिस्तानियों को लगता है कि ये दोनों उनकी सांस्कृतिक पृष्ठभूमि के करीब हैं। इसलिए पाकिस्तान में शास्त्रीय खयाल गायकी आगे चलकर परवान भले न चढ़ी हो लेकिन उसकी क्षतिपूर्ति गजल और कव्वाली में हुई। दूसरी बात जो ये डॉक्यूमेंट्री रेखांकित करती है वो ये कि विभाजन से मानसिकता बनी थी उसकी वजह से पाकिस्तान में उन कुछ शास्त्रीय रागों के नाम भी बदले गये जो हिन्दू देवी–देवताओं के नाम पर हैं, जैसे राग दुर्गा या राग–शिवकल्याण आदि के। इसी तरह 'आलाप' को 'अल्ला–आप' के रूप में पेश किया गया। पर वहाँ ऐसे भी संगीतकार थे जो इस तरह के बदलावों के लिए सहमत नहीं थे। ये दीगर बात है कि उनकी नहीं चली।

खयाल दर्पण में आलिया रशीद नाम की एक महिला युवा गायिका की भी कहानी है जो देख नहीं सकती लेकिन जिसे भारत में गुंदेचा बन्धुओं (रमाकान्त गुंदेचा और उमाकान्त गुन्देचा) से ध्रुपद गायन सीखने के लिए वजीफा मिला। आलिया ने फिल्म में जिस ढंग से अपनी कहानी का बयान किया है वो सहज तो है ही पर साथ ही उसमें ये अनुगूँज भी शामिल है कि विस्थापन और विभाजन से जुड़े राजनैतिक झगड़े जरूर लम्बे समय तक जारी रहते हैं, लेकिन साथ ही दूसरे स्तर पर वे झूठे भी पड़ते जाते हैं आलिया रशीद का पूरा बयान संगीत की तरह आत्मा को छूनेवाला है। पर विस्थापन कितना भी क्रूर क्यों न हो, वो कितनी भी त्रासदियाँ भले पैदा करता है, लेकिन उसमें जिजीविषा भी बनी रहती है जो भौतिक और आत्मिक स्तर पर मनुष्य को कुछ नया करने की तरफ भी ले जाती है। 'खयाल दर्पण' में पाकिस्तान के एक संगीत–विशेषज्ञ और पेशे से वकील रजा काजिम से लिये गये साक्षात्कार में एक ऐसे तथ्य का पता चलता है जो मौजूदा पाकिस्तानी शास्त्रीय संगीत ही नहीं संगीत मात्र के लिए खुशखबरी की तरह है। काजिम बताते हैं कि 30–35 वर्ष लगाने के बाद उन्होंने सागरवीणा नाम से एक नया वाद्य भी तैयार किया है जिसमें कई ऐसी ध्वनियाँ निकाली जा सकती हैं जो आज के मनुष्य की आशाओं–आकांक्षाओं और चाहतों को पैदा करती हैं। पता नहीं पिछले आठ वर्षों में पाकिस्तान में वो वाद्य कितना लोक प्रिय हुआ?

विनोद दास

भारतीय मुस्लिम समाज और 'गर्म हवा'

परदे पर भारत के नक्शे में तकसीम और बदलाव का छायांकन। उद्दाम प्रवहमान नदी की तरह भागती रेलगाड़ी मुसाफिरों से ठसाठस। रेलछत पर पोटलियों के साथ पोटलियों की तरह कुछ सिमटे-सिकुड़े बैठे हुए और चींटियों के झुंड की तरह रेलिंग से लटके हुए बेतहाशा लोग। नंगे आकाश-तले शरणार्थी शिविरों में कटी पतंगों की तरह बेबस और बेसहारा डोलते मजमों की हलचल। खुले मैदान में विशालकाय तवे पर सिकती हुई रोटियाँ। 1947 के हिंसक समय के दंगा-फसाद-मारकाट को दिखाती अखबार की फुटेज। रक्तरंजित राष्ट्र के जन्म पर गाँधी, माउंटबेटन, जिन्ना और नेहरू सरीखे राजनेताओं की बोलती तस्वीरें। गुरु-गम्भीर मन्द आवाज में तत्कालीन हालत को बयान करती वायसओवर पर कैफ़ी आजमी की नज़्म। ये दृश्य फिल्मकार एम.एस. सथ्यू की पहली फिल्म 'गर्म हवा' के स्वप्न से धुँधलाते शुरुआती दृश्य हैं जिन्हें देखकर सहज ही भारत-विभाजन की याद आती है और उस याद के साथ एक असह्य, गहरी पीड़ा का अहसास भी होता है कि अब जमीन का वह हिस्सा हमसे काटकर अलग कर दिया गया है जिसकी धूल-मिट्टी में हमारे पूर्वजों की स्मृतियाँ जुड़ी हुई हैं। कहना न होगा कि इस विभाजन के मूल में संकीर्ण साम्प्रदायिकता और सत्ता के प्रति लोलुप महत्त्वाकांक्षा थी।

साम्प्रदायिकता एक आधुनिक प्रवृत्ति है। साम्प्रदायिक असहिष्णुता की इस विषवेलि की जड़ों की पहचान के लिए हमें इतिहास के कुछ पृष्ठों को पलटना होगा। सच तो यह है कि 1870 के दशक के पहले शायद ही किसी साम्प्रदायिक विचारधारा या साम्प्रदायिक राजनीति का अस्तित्व रहा हो। लिहाजा बेहतर होगा कि हम 1870 के दशक से इसका जायजा लें। उन दिनों बंगाल में सुधार-आन्दोलन की लहर मन्द पड़ गयी थी। वहाँ ब्रह्म समाज के भीतर झगड़े पनप गये थे। ईश्वरचन्द्र विद्यासागर एकान्तवास में चले गये थे। ऐसे में सुधारों को धकियाकर हिन्दू पुनरुत्थानवाद अपने लिए जगह बना रहा था। वेदों के माध्यम से प्राचीन आर्यों के गौरव को पुनर्जीवित करके मैक्समूलर सरीखे विद्वान पुनरुत्थानवाद की भूमि को

लहलहा रहा थे। कुछ इसी तरह बंकिमचन्द्र परिष्कृत रूप में अपने लेखन द्वारा पुनरुत्थानवाद की भाव-सत्ता का संचार और प्रसार कर रहे थे। शशधर तर्कचूड़ामणि और कृष्ण प्रसन्न सरीखे तो यहाँ तक दावा करते थे कि आधुनिक विज्ञान के समस्त आविष्कारों का उल्लेख प्राचीन शास्त्रों में उपलब्ध है। उधर महाराष्ट्र में बाल गंगाधर तिलक के साथ हुए पुनरुत्थानवादियों के गठजोड़ से संकीर्णतावादी शक्तियों को शह मिल रही थी। गणेशोत्सव सरीखे आयोजनों ने पुनरुत्थानवादी भावनाओं को और अधिक सुलगा दिया था। आर्यसमाज के जनक स्वामी दयानन्द सरस्वती वैसे तो हिन्दू धर्म में व्याप्त कुरीतियों और कर्मकांडों मसलन मूर्तिपूजा, बहुदेववाद, बालविवाह की कड़ी आलोचना कर रहे थे, किन्तु वेद की अमोघता पर आधारित शुद्ध हिन्दू धर्म की श्रेष्ठता की भावना को सींचकर एक तरह से वे भी पुनरुत्थानवाद को हवा दे रहे थे। दरअसल अतीत की महानता का गुणगान कर तथा धर्मग्रन्थों को आधार बनाकर सुधारवादी एक झूठे दम्भ तथा गर्व को पाल-पोस रहे थे। यह विचित्र विडम्बना थी कि सभी सुधारक कबीर की तरह सांस्कृतिक साझा धरोहरों पर बल नहीं देते थे। इनमें अधिकांश भारतीय इतिहास के मध्यकाल को मूलतः पतनकाल मानते थे।

दूसरी ओर उच्चवर्गीय मुस्लिमों को अँग्रेजी शिक्षा की ओर आकृष्ट करनेवाले अलीगढ़ मुस्लिम सुधारवादी आन्दोलन के अग्रणी सर सैयद अहमद ख़ान भी आधुनिक प्रगतिशील तत्त्वों से विरत हो रहे थे। अन्तिम दिनों में उनकी यह घोषणा अत्यन्त विडम्बनापूर्ण थी कि हिन्दुओं और मुसलमानों के राजनैतिक हित भिन्न-भिन्न हैं। ऐसे में मुहम्मद क़ासमी जनोतकी तथा रशीद अहमद गंगोही सरीखे कट्टरवादी नेता आगे आ रहे थे। यही विषमतामूलक शक्तियाँ 1906 में मिंटो के पास एक प्रतिनिधिमंडल लेकर शिमला गयी थीं जिन्होंने मुसलमानों के योगदान के आधार पर अलग से निर्वाचनमंडल की माँग की थी। यह एक गौरतलब तथ्य है कि इसी समूह ने 1906 में ढाका में नवाब सलीमुल्लाखाँ द्वारा गठित मुस्लिम लीग पर भी कब्जा कर लिया था। उपनिवेशी शक्तियों ने मुस्लिम लीग को आगे बढ़ाना शुरू किया। अँग्रेजों ने नवाब सलीमुल्ला खाँ को 14 लाख रुपये कर्ज दिलाकर इस संगठन में प्राण फूँक दिए। यह अकारण नहीं है कि 400 सदस्योंवाली मुस्लिम लीग मात्र तीन वर्षों में एक बड़ी ताकत के रूप में उभरकर सामने आ गयी। इसने मुस्लिम मध्यवर्ग को अपनी परम्परा और धरोहर को पश्चिम एशिया के इतिहास में खोजने के लिए उन्मुख किया। इससे दो राष्ट्रों की धारणा को पनपने का अवसर मिला। अब अँग्रजों के लिए 'फूट डालो और राज करो' के लिए जमीन तैयार थी।

भारतीय मुसलमानों के बीच पाकिस्तान बनाने का नारा जोर पकड़ता जा रहा था। बंगाल और पंजाब के मुसलमानों से भी कहा जा रहा था कि पाकिस्तान में हिन्दू जमींदारों और व्यापारियों द्वारा किया जानेवाला शोषण नहीं होगा। छोटे मुसलमान

फल-फूल सकेंगे और उदीयमान मुसलमान बुद्धिजीवियों को नौकरियाँ मिल सकेंगी। जिन्ना के दो राष्ट्र के सिद्धान्त के लिए ऐसे लुभावने सपने खाद-पानी का काम कर रहे थे। उधर हिन्दू महासभा सरीखे हिन्दूवादी संगठन 'हिन्दुओं का देश भारत' सरीखे नारे देकर मुस्लिम सम्प्रदायवादियों के लिए अनुकूल वातावरण बना रहे थे। फिर वह समय भी आया कि 1946 में कैबिनेट मिशन के तहत मुसलमानों को एक राष्ट्र के भीतर पश्चिमोत्तर और पूर्वोत्तर प्रान्त में शासन करने के लिए काँग्रेस और मुस्लिम लीग में सहमति बनी। लेकिन यह सहमति कच्ची सिद्ध हुई। उत्तर-पूर्वी और उत्तर-पश्चिमी मुस्लिम-बहुल प्रान्तों के अनिवार्य समूहीकरण को लेकर मतभेद के फलस्वरूप 29-30 जुलाई, 1946 को मुस्लिम लीग ने अपनी सहमति वापस ले ली और 16 अगस्त, 1946 को मुस्लिम राष्ट्र के लिए सीधी कार्रवाई का आह्वान किया।

16 अगस्त, 1946 में अभूतपूर्व स्तर पर होनेवाले साम्प्रदायिक दंगों ने भारतीय परिदृश्य का चेहरा बदल दिया। दंगों की आग ने कलकत्ता, बम्बई, नोआखाली से बिहार होते हुए पंजाब को अपनी चपेट में ले लिया। पंजाब के हिन्दू और सिख भी विभाजन की माँग करने लगे। उन्हें यह भय था कि अनिवार्य समूहीकरण से मुस्लिम-प्रधान क्षेत्र बाद में स्वयं पाकिस्तान का गठन न कर ले। ऐसे हालात में अन्ततः अप्रैल, 1947 में काँग्रेस-अध्यक्ष कृपलानी ने भारत के गवर्नर माउंटबेटन को सूचित किया कि लड़ाई करने से अच्छा है कि हम उन्हें पाकिस्तान ले लेने दें। डोमिनियन स्टेट्स के आधार पर भारत और पाकिस्तान की दो केन्द्रीय सरकारों को सत्ता सौंपने के प्रस्ताव पर 2 जून, 1947 को काँग्रेसी, लीगी और सिख नेताओं ने स्वीकार कर लिया और इंडियन इंडिपेंडेंस एक्ट के तहत भारत को आजादी रक्तरंजित विभाजन के साथ मिली।

इस लम्बे तज़करे से शीशे की तरह स्पष्ट है कि भारत का विभाजन दो राष्ट्र के सिद्धान्त के आधार पर उपनिवेशी ताकतों की कूटनीति का परिणाम था। किन्तु इसके विपरीत एक राष्ट्रवादी धारा भी प्रवाहमान थी जो हिन्दू-मुस्लिम के सहअस्तित्व से अनुप्राणित थी। इनका मानना था कि उपनिवेशवादी शक्तियों ने 'फूट डालो और राज करो' की कूटनीति के आधार पर हमारी बहुलवादी संस्कृति को छिन्न-भिन्न कर दिया है। 'गर्म हवा' फिल्म के मुख्य चरित्र आगरा के सलीम मिर्ज़ा ऐसे ही राष्ट्रवादी मुसलमान हैं जो विभाजन के बाद पाकिस्तान न जाकर भारत में रहने का फैसला लेते हैं।

'गर्म हवा' की दुखभरी दास्तान एक स्टेशन से शुरू होती है। सलीम मिर्ज़ा पाकिस्तान जा रही अपनी आपा को विदा करने के लिए प्लेटफॉर्म पर खड़े हैं। रेलगाड़ी स्टेशन से छूट चुकी है। सलीम मिर्ज़ा का हाथ घायल पक्षी के डैने की तरह

हवा में लहरा रहा है। यह फिल्म का केन्द्रीय बिम्ब है जिसकी आवृत्ति फिल्म में कई बार होती है। स्टेशन के बाहर आकर सलीम मिर्ज़ा ताँगे पर बैठते हैं। ताँगेवाला क्लेश से व्यंग्य करता है, ''ओ मियाँ! आज किसे छोड़ आये?'' सलीम मिर्ज़ा उदास स्वर में कहते हैं, ''आपा को''। बातचीत के तार को आगे बढ़ाते हुए वे आगे कहते हैं कि ''दंगे-फसाद तो पहले भी होते थे लेकिन लोग घर छोड़कर नहीं भागते थे।'' ताँगेवाला टोहता है, ''आप पाकिस्तान क्यों नहीं चले जाते?'' सलीम मिर्ज़ा तपाक से बोलते हैं, ''मैं काहे जाऊँगा? चमड़े के काम को हिन्दू हाथ नहीं लगाते। मुझे डर नहीं है।'' दरअसल यह सलीम मिर्ज़ा की सिर्फ मन की आवाज नहीं है, बल्कि एक ऐसी सचाई है जो भीतर न रुककर उनकी जुबान से बाहर आ गयी है। पाकिस्तान न जाने के पीछे उनका अपना जमा-जमाया हिन्दुओं की पहुँच से बाहर जूते बनाने का सुरक्षित कारोबार, समाज-बाजार में अच्छी प्रतिष्ठा तथा साख और मजे से रहने के लिए पुश्तैनी हवेली है। दूसरे, वे अपने भाई हलीम मिर्ज़ा की तरह न तो दोहरे जीवन-मानदंड में यकीन रखते हैं और न उसकी तरह उन दिनों बह रही साम्प्रदायिक हवा के आवेग से परिचालित होते हैं। साम्प्रदायिक धुएँ और आग के बीच वे जहाँ यह कहकर बार-बार सबको दिलासा और ढाढ़स देते हैं कि गाँधी जी की शहादत जरूर रंग लाएगी और सब कुछ ठीक हो जाएगा, वहीं वे इससे अपने उद्विग्न मन को तसल्ली भी देते हैं। लेकिन उनकी यह तसल्ली खोखली सिद्ध होती है। थोड़े दिन बाद ही उनका सुरक्षित कारोबार, हवेली और जीवन इतना असुरक्षित और त्रासद हो जाता है कि आखिरकार उन्हें भी उसी ताँगे पर सवार होकर निकलना पड़ता है जिससे वे अपने परिजनों को एक-एक करके पाकिस्तान छोड़ने के लिए स्टेशन गये थे।

फिल्म की बीज-कथा सलीम मिर्ज़ा के असमाप्त संघर्षों का दुखभरा बयान है। जूता कारखाने के मालिक और पैतृक हवेली में भरे-पूरे परिवार के साथ रहनेवाले सलीम मिर्ज़ा सरीखे भारतीय मुसलमान को विभाजन की कड़ी मार से किस तरह अकेले और अधमरे जीव की तरह छटपटाते हुए अपने ही कारखाने में कारीगर के रूप में काम करने के लिए विवश होना पड़ता है, इसे बेहद तड़प के साथ बीज-कथा में रूपायित किया गया है। सभी उनसे मुँह फेर लेते हैं, चाहे उनके अपने सगे-सम्बन्धी हों या बैंक अथवा साहूकार। जिस हवेली के दस्तरखान खाने की रकाबियों की कतार से सजे होते थे और भरे-पूरे परिवार की चटपटी बातों और गर्मागर्म बहसों से गुलजार रहते थे, वो एक-एक करके लोगों के पाकिस्तान चले जाने से सलीम मिर्ज़ा से हवेली की छत भी छिन जाती है। कारीगर कारखाने में भविष्य के प्रति शंकित होकर अपना पल्ला झाड़ लेते हैं। शूज एसोसिएशन की घोषित हड़ताल में शामिल न होने की सजा के तौर पर उन्हें टेंडर भरने से रोक दिया जाता है। पुलिस

जासूसी के झूठे आरोप में उन्हें गिरफ्तार कर लेती है। दंगे में उनका कारखाना जलाकर राख कर दिया जाता है। इस तरह विभाजन एक साँप की तरह उनके व्यापार और घर-परिवार पर अपना फन फैलाता है और उन्हें अपने भीतर लेकर डस लेता है।

बीज-कथा के साथ सलीम मिर्ज़ा की बेटी अमीना और उनके दो बेटों की कथा भी साथ-साथ चलती है। तंग कोठरियों, घुमावदार सीढ़ियों और छत पर अमीना और काजिम की इश्क की आँखमिचौली और उनके विवाह का सपना तक डूब जाता है। जब काजिम मिर्ज़ा अपने अब्बा के साथ पाकिस्तान चले जाते हैं और लौटकर आते हैं, तो पासपोर्ट न होने के कारण उन्हें न केवल गिरफ्तार कर लिया जाता है बल्कि 24 घंटे के अन्दर भारत की हद को छोड़ने को कहा जाता है। टूटी और जर्जरित अमीना अपनी फूफी के बेटे शमशाद के गले में अपनी बाँहों का हार डालने के लिए मजबूर होती है जिसे वह फूटी आँख से भी नहीं देखती थी। लेकिन प्रेमबैंक के लिए खाते में अमीना ने अपना विश्वास फिर से जमा किया था, वह शमशाद भी झूठा दिलासा देकर पाकिस्तान चला जाता है और वहीं किसी लड़की से उसकी शादी तय हो जाती है। अपने बाँझ-प्रेम से त्रस्त और लुटी-पिटी अमीना ब्लेड से अपने हाथ की नस काटकर आत्महत्या कर लेती है।

फिल्म में सलीम मिर्ज़ा के बड़े बेटे बाकर मिर्ज़ा और छोटे बेटे सिकन्दर मिर्ज़ा के प्रसंग भी आते-जाते रहते हैं। बाकर मिर्ज़ा नये जमाने के युवक हैं। सफलता के लिए नैतिकता को ताक पर रख सकते हैं। उन्हें किसी काम को रिश्वत से कराने में गुरेज नहीं। अपने सिद्धान्तवादी अब्बा सलीम मिर्ज़ा से उनका यही द्वन्द्व है। वे आधुनिक और फैशनपरस्त जूता बनाकर जूता कारखाने को पटरी पर लाना चाहते हैं, लेकिन उनके अब्बा राजी नहीं होते। जब शूज एसोसिएशन उन्हें टेंडर भरने नहीं देती तो वे यह कहकर पाकिस्तान चले जाते हैं कि भारत में मुसलमान भिखारी बनकर रह सकता है, व्यापारी बनकर नहीं।

कॉलेज और चाय के अड्डों पर युवावर्ग में सामाजिक, आर्थिक और साम्प्रदायिक मुद्दों पर किस तरह का विमर्श उन दिनों चल रहा था, इसे सिकन्दर मिर्ज़ा के चरित्र के जरिये व्यक्त किया गया है। एक पढ़े-लिखे मुस्लिम को स्वतन्त्र और लोकतान्त्रिक भारत में नौकरी पाना कितना दूभर है, सिकन्दर मिर्ज़ा इसकी जीती जागती मिसाल के रूप में सामने आते हैं। फिल्म के अन्त में पाकिस्तान जाने के लिए जब ताँगे पर बैठकर सलीम मिर्ज़ा स्टेशन की ओर जा रहे होते हैं तो सामने एक जुलूस जा रहा होता है जिसमें 'इन्कलाब जिन्दाबाद, काम पाना हमारा मूल अधिकार है, हमारी माँगें रोजी-रोटी और मकान' के नारे लग रहे हैं। सिकन्दर मिर्ज़ा इस जुलूस में शामिल होने की इजाजत अपने अब्बा से माँगते हैं। सलीम मिर्ज़ा कहते हैं कि अब

मैं तुम्हें नहीं रोकूँगा। आदमी कब तक अकेला रह सकता है! फिर अपनी बेगम जमीला से कहते हैं कि मैं भी अकेली जिन्दगी की घुटन से तंग आ गया हूँ। ताँगेवाले को वे घर लौट चलने को कहते हैं और वे भी जुलूस में शामिल होकर अपने हक़ के लिए चलनेवाले संघर्ष में जुट जाते हैं।

इस तरह 'गर्म हवा' फिल्म ऊपर से अपने रूपाकार में सरल जरूर दिखती है, लेकिन वस्तुतः यह एक जटिल और संश्लिष्ट फिल्म है। इसमें व्यक्तिगत, राजनैतिक और सामाजिक जीवन-स्थितियाँ एक गहरे तनाव की तरह घुली-मिली हैं। दूसरे शब्दों में, इनमें से कोई भी जीवन-स्थिति अपने-आप में स्वायत्त नहीं है। इनमें आपस में टकराहट होती है। राजनैतिक जीवन-स्थिति की रगड़ से व्यक्तिगत जीवन के रेशे टूटते हैं और व्यक्तिगत जीवन-स्थिति की छाया से राजनैतिक दिशा तय होती है। यह तनावपूर्ण सन्तुलन 'गर्म हवा' फिल्म की संरचना की स्थिति है। तनाव का सन्दर्भ वैयक्तिक संघर्ष तक सिमटा न रहकर तत्कालीन परिवेश के विषम ताने-बाने को स्पर्श करता है। सभी प्रसंग तह-दर-तह एक-दूसरे से जुड़े हुए हैं। एक-दूसरे पर अवलम्बित और दूसरे को पुष्ट करते हुए। दूसरे शब्दों में, फिल्म 'गर्म हवा' की दुनिया में कई दुनिया समाई हुई हैं।

विभाजन की तलवार से केवल भू-भाग का ही बँटवारा नहीं हुआ था बल्कि भारतीयों की आत्मा में भी एक गहरी दरार खिंच गयी थी। यह एक ऐसा समय था कि जब हिन्दुओं और मुसलमानों ने एक-दूसरे के बारे में कुछ छवियाँ गढ़ ली थीं जो सिर्फ कुछ काल्पनिक ही नहीं थीं बल्कि घृणा और नकार से भी भरी थीं। इनमें भारतीय मुसलमानों की एक छवि भगोड़े के रूप में गढ़ दी गयी थी। इस छवि की खरोंचे भारतीय मुसलमान को कितना लहूलुहान करती है, 'गर्म हवा' फिल्म में इसे अत्यन्त कलात्मक निर्ममता से व्यक्त किया गया है। सलीम मिर्ज़ा को बैंक और साहूकार दोनों से ही ऋण इसलिए नहीं मिलता कि वे उधार नहीं चुकाते या उनका व्यापार अच्छा नहीं चल रहा या बाजार में उनकी साख गिर गयी है, बल्कि बैंक और साहूकार दोनों को ही डर है कि सलीम मिर्ज़ा दूसरे मुसलमानों की तरह कहीं किसी दिन पाकिस्तान न खिसक जाएँ और उनका रुपया न डूब जाए। यही वह डर है जिससे सलीम मिर्ज़ा के जूता-कारखाने के कुछ कारीगर काम छोड़कर चले जाते हैं। भगोड़े की यह छवि एक कलंक की तरह सलीम मिर्ज़ा का पीछा करती रहती है। किराये का मकान खोजने के लिए दर-दर भटकते सलीम मिर्ज़ा की, जब एक मकान-मालिक से बात तय हो जाती है तो वह मिर्ज़ा से किराये की रकम पेशगी माँगता है और जब मिर्ज़ा हैरत से इस नयी रवाइत के बारे में पूछते हैं तो वह बेझिझक कहता है कि आपके ही बिरादरी के हमारे पुराने किरायेदार आठ महीने का किराया लेकर पाकिस्तान चले गये। भगोड़े की इस छवि को सलीम मिर्ज़ा के बड़े

भाई हलीम मिर्ज़ा सरीखे लोग सिर्फ वैधता ही नहीं प्रदान करते हैं बल्कि उसे अपने आचरण से पुख्ता भी करते हैं। अवाम के सामने अपनी तकरीर में खुलेआम पहले मिर्ज़ा हलीम अपनी छाती ठोंकते हुए ऐलान करते हैं कि सारे मुसलमान भले पाकिस्तान चले जाएँ, लेकिन कम से कम एक मुसलमान यहाँ से कभी नहीं जाएगा। वही हलीम मिर्ज़ा सबसे पहले पाकिस्तान जाने के लिए बोरिया-बिस्तर बाँधते हैं। सलीम मिर्ज़ा जब रोकते हैं तो वे तल्ख़ी से कहते हैं, ''तुम्हें यहाँ रहना है तो खुशी से रहो, मैं पाकिस्तान नहीं जाऊँगा तो वहाँ हिन्दुस्तानी मुसलमानों की हिम्मत टूट जाएगी।'' त्रासद यह है कि सलीम मिर्ज़ा सरीखे बेहिसाब लोग, जो पाकिस्तान न जाकर भारतीय लोकतन्त्र के ढाँचे में सामाजिक सौहार्द और समरस जीवन की नींव के निर्माण में एक-एक ईंट जोड़ते हैं, समाज में उनकी छवि नहीं बनाई जाती है। यहाँ यह उल्लेख करना असंगत न होगा कि विभाजन के समय भारत में ऐसे साढ़े चार करोड़ राष्ट्रवादी मुसलमान पाकिस्तान न जाकर भारत में ही रह गये थे। बैंक-मैनेजर जब सलीम मिर्ज़ा को इस आधार पर ऋण की मंजूरी नहीं देते कि वह कहीं पाकिस्तान न चले जाएँ तो उनकी यह शिकायत बिलकुल जायज लगती है कि इसकी सजा उनको क्यों दी जाए जो न भागे हैं और न भागेंगे?

इसी प्रकार विभाजन के गर्भ से निर्मित दूसरी छवि पर भी चर्चा करना समीचीन होगा। यह रहस्य नहीं रहा कि विभाजन उपनिवेशी राजनीति का एक विकृत रूप था। इसे एक ऐतिहासिक दुर्घटना माना जाना चाहिए। इसे भी बताने की आवश्यकता नहीं है कि मुस्लिम समुदाय का एक बड़ा हिस्सा पाकिस्तान-निर्माण के पक्ष में नहीं था। लेकिन इसे विडम्बना ही कहा जाएगा कि विभाजन के लिए सम्पूर्ण मुसलमान-समुदाय को उत्तरदायी माना जाने लगा और उनकी एक झूठी छवि विभाजन के खलनायक के रूप में गढ़ दी गयी। कहना न होगा कि इसका वास्तविकता से कोई लेना-देना न था। लेकिन यह झूठी छवि एक ऐसे ज़हरीले बिच्छू की तरह थी जिसके डंक मुसलमान-समुदाय की आत्मा को बार-बार छेदते रहे। ओछे लांछनों को सहते हुए और अपमान का घूँट पीते हुए एक भारतीय मुसलमान को अपनी नागरिक निष्ठा का प्रमाण किस तरह देना पड़ता है, 'गर्म हवा' फिल्म में इसकी तीखी पीड़ित गूँज भी सुनाई देती है। फिल्म में कई बार पात्रों को पाकिस्तान जाने की सलाह दी जाती है, गोया उनकी हर समस्या का निदान पाकिस्तान-पलायन में छिपा हुआ है।

सिकन्दर मिर्ज़ा का नौकरी के लिए इंटरव्यू होता है और उनकी जगह प्रबन्धक किसी सिफारिशी को रख लेता है और फिर बिना माँगे यह नेक सलाह देने की भी गुस्ताखी करता है कि आप पाकिस्तान क्यों नहीं चले जाते? वहाँ आपके लिए ज्यादा सुविधा होगी। ताँगेवाला खुद भी मुस्लिम है, लेकिन वह अपनी जमीन

से जुड़े राष्ट्रवादी मुसलमान सलीम मिर्ज़ा की दुखती रग पर अँगुली रखते हुए उनसे पाकिस्तान जाने के बारे में पूछता रहता है। अपने बड़े बेटे बकार मियाँ को पाकिस्तान की गाड़ी में बिठाकर जब सलीम मिर्ज़ा लौटते हैं तो ताँगेवाला कहता है कि 'जिगर के एक टुकड़े को छोड़ आये और खुद डटे हो! कैसा जालिम जमाना आ गया है?' इस विडम्बना का चरम रूप तब देखने को मिलता है जब सलीम मिर्ज़ा की बेगम जमीला भी फिल्म के अन्त में अपनी बेटी की खुदकुशी के बाद पस्ती के आलम में बिलखते हुए कहती हैं कि सबका कहा मानकर पाकिस्तान चले गये होते तो शमशाद न सही, कम से कम और कोई लड़का वहाँ अमीना के लिए ज़रूर मिल जाता।

लोकतान्त्रिक व्यवस्था में सभी नागरिकों को बराबरी के आधार पर जीवन जीने के अधिकार प्राप्त होते हैं। लेकिन भारतीय मुसलमानों की नागरिकता किस तरह सन्देह के घेरे में रहती है, इसे 'गर्म हवा' फिल्म में समूची मानवीय स्थिति के सन्दर्भ में रखकर आँका गया है। सलीम मिर्ज़ा सरीखे एक सच्चे नागरिक को जासूसी करने के झूठे आरोप में गिरफ्तार कर लिया जाता है। दरअसल पाकिस्तान से भेजे गये हवेली से जुड़े काग़ज़ात में हवेली के नक़्शे को पुलिस ख़ुफ़िया दस्तावेज़ समझ लेती है। ऐसे अनर्गल और मिथ्या आरोपों के चलते स्वतन्त्र भारत के मुसलमानों के नागरिक अधिकार ही सन्दिग्ध ही नहीं बन जाते, बल्कि वे ऐसे साम्प्रदायिक विद्वेष की गर्त में धकेल दिये जाते हैं जिससे उनमें अलगाव और असुरक्षा की भावनाएँ पनपने लगती हैं। यह अकारण नहीं है कि वे फिल्म में डरे-डरे और सकपकाए-से दिखते हैं। सिकन्दर मिर्ज़ा नौकरी के सिलसिले में जब एक अफसर से बात करते हैं जो संयोग से मुसलमान है, तो वह काँपती-सी आवाज में कहते हैं कि मैं तुम्हें नौकरी नहीं दे सकता। सब कहेंगे कि एक मुसलमान ने दूसरे मुसलमान को नौकरी दे दी। पूरे महकमे में मैं ही एक मुसलमान हूँ। फिर वह सिकन्दर मिर्ज़ा के पिता को कोसना शुरू करते हैं कि उन्होंने पाकिस्तान से काग़ज़ात क्यों मँगाए? वह आगे यह भी इक़बाल करते हैं कि उसके भी नाते-रिश्तेदार पाकिस्तान में हैं, किन्तु वह उनसे कोई रिश्ता नहीं रखते। यह एक डरे हुए भारतीय मुसलमान का हलफ़नामा नहीं तो और क्या है?

किसी भी समाज में सभ्यता और भिन्नता एक-साथ मौजूद रहती हैं। किन्तु एक सुदृढ़ राष्ट्र का निर्माण तब होता है जब वह अपने समाज के विभिन्न धर्मावलम्बियों को साथ-साथ जीने के चाव को बनाये रखता है। बँटवारापोषी राजनीति ऐसे सहजीवन के विरुद्ध होती है। विडम्बना यही है कि इसके सबसे बड़े शिकार निर्धन और निर्बल होते हैं। छोटे तबक़े से पूछा जाता है कि वह हिन्दू है या मुसलमान? 'गर्म हवा' फिल्म में किराये के मकान की तालश में बातचीत के दौर में जब सलीम

मिर्ज़ा से मकान-मालिक को पता चलता है कि वह मुसलमान हैं तो जिस भाव-भंगिमा से कुछ झूठे बहाने बनाकर मकान-मालिक मकान देने से इनकार करते हैं, वह सलीम मिर्ज़ा को बेहद क्षुब्ध करता है। ऐसी भाव-भंगिमा से आजिज़ आकर वे अपमान से बचने के लिए शुरू में ही परिचय देने की एक सुरक्षात्मक शैली आविष्कृत करते हैं और मकान-मालिक से मिलते ही एक साँस में कहते हैं कि मैं मुसलमान हूँ, मांस-मछली खाता हूँ। क्या अब भी आप अपना मकान किराये पर देंगे?

'गर्म हवा' में अपने आकाश से निष्कासित पराये आकाश के नीचे जिन्दगी बसर करने के लिए विवश मनुष्यों की पीड़ा और टीस की करुण कराह को भी धीमी आवाज में सुना जा सकता है। इसमें दादी अम्मा की मर्मान्तिक कथा के माध्यम से विस्थापन के खुले घाव को प्रच्छन्न रूप में कुरेदा गया है। दादी अम्मा सलीम मिर्ज़ा की अम्मा हैं जो ऊँचा सुनती हैं और घर में उठनेवाली हर फुसफुसाहट में हिस्सा लेने के लिए तत्पर और व्यग्र दिखती हैं। वे पाकिस्तान जाने का विरोध करते हुए कहती हैं कि मत भूलो कि यहाँ की सरजमीं में तुम्हारे बाप-दादाओं की हड्डियाँ गड़ी हुई हैं। दादी अम्मा एक बहू के रूप में इस हवेली में आयी थीं। वे हमेशा स्मृति की दुनिया में खोई रहती हैं। जब कोई कहता है कि इस बार सर्दियाँ अधिक पड़ी हैं तो वह झट से बोलती है कि "अब सर्दी कहाँ? सर्दी तब पड़ी थी जब मेरी शादी हुई थी।" हवेली के हर कोने-अन्तरे से उनका गहरा लगाव है। कस्टोडियन के अधिकार में हवेली चले जाने पर जब सलीम मिर्ज़ा का परिवार किराये के माकन में जाने की तैयारी करता है तो दादी अम्मा के लिए यह अत्यन्त हृदयविदारक और व्यथित करनेवाला क्षण होता है। दूसरे मकान में जाने से बचने के लिए वे एक बच्चे की तरह हवेली में छिप जाती हैं। सभी घबराये हुए दादी-अम्मा को तलाशते हैं। आखिरकार एक डरी और दुबकी बिल्ली की तरह छिपी वह लकड़ीवाली कोठरी में मिलती हैं। उन्हें जबरदस्ती गोद में उठाकर किराये के मकान में ले-जाने के लिए पालकी में बैठाया जाता है। यह दृश्यबन्ध बेहद मर्मस्पर्शी बन पड़ा है और इसे अत्यन्त कलात्मकता से फिल्माया गया है। हवेली से दादी अम्मा के जुड़ाव की कथा यहीं खत्म नहीं होती। हवेली से दादी अम्मा की अन्तरंगता और लगाव को देखते हुए किराये के मकान में उन्हें ऊपर का कमरा रहने के लिए दिया जाता है ताकि वे वहाँ से अपनी पुरानी हवेली को निरख सकें। मरणासन्न अवस्था में भी दादी अम्मा के प्राण हवेली में अटके रहते हैं। ऐसे समय में सलीम मिर्ज़ा हवेली के नये एलाटी आडवाणी जी से कह-सुनकर उन्हें पालकी में लिटाकर हवेली लाते हैं। यहाँ फिल्मकार अपनी कल्पनाशीलता का परिचय देते हुए पालकी के साथ शादी के संगीत का इस्तेमाल करते हैं। मृत्यु के अन्तिम क्षणों में दादी अम्मा की आँखों के

सामने अतीत के चलचित्र की तरह वे दृश्य सामने आते हैं जब उन्होंने इसी तरह पालकी में बैठकर एक बहू के रूप में हवेली में पहली बार पाँव रखे थे। हवेली पहुँचते ही दादी अम्मा के प्राणपखेरू उड़ जाते हैं। ऐसा लगता है कि गोया हवेली में ही उनके प्राण अटके हुए थे। इस तरह दादी अम्मा का यह प्रसंग एक तरह से विस्थापन की पीड़ा का एक सशक्त रूपक बनकर फिल्म में उभरता है। हवेली छोड़कर अपने मुहल्ले में एक किराये के मकान में रहने मात्र से जब दादी अम्मा का पूरा अस्तित्व हिल जाता है, तो उनकी विडम्बना और त्रासदी की कल्पना करना भी कठिन है जिन्हें सीमा पार चले जाने के कारण उस घर और गली में आने के लिए पासपोर्ट और वीज़ा लेना पड़ता है, जहाँ की मिट्‌टी और धूल में खेल-कूदकर वे बड़े हुए हैं।

'गर्म हवा' फिल्म का सर्वाधिक आकर्षक पक्ष उसके परिवेश का फिल्मांकन है। यह तत्कालीन मुस्लिम समाज में चल रहे घात-प्रतिघातों और ज़र्रे-ज़र्रे में बिखरी उनकी मन:स्थितियों को उद्‌घाटित करता है। हवेली हो या चाय का अड्‌डा, जूता-कारखाना हो या आगरे की तंग गलियाँ, छत हो या कोठरी का कोना, इनका फिल्मांकन इतनी सतर्क, सम्पृक्त और आत्मीय आँख से किया गया है कि फिल्म का परिवेश एक जीवित इकाई के रूप में सक्रिय दिखाई देता है। दूसरे शब्दों में, फिल्म में परिवेश एक जीवित चरित्र की भूमिका निभाने लगता है। एक ऐसा मुस्लिम चरित्र जिसके जीवन की उधड़ी हुई सीवनें स्वाधीन भारत के लोकतान्त्रिक ढाँचे से झाँकती हुई दिखती हैं। पूरी फिल्म में परिवेश को इस तरह से रचा-बुना गया है, जहाँ बराबर यह महसूस होता है कि इस लोक के नागरिकों की जीवन-अनुभूतियाँ एक जेलखाने में कैद हैं। इन नागरिकों की पराजय, दंश-सा टूटन इस जेलखाने की सलाखें है। कई फ्रेमों में सलीम मिर्ज़ा सीखचों के फ्रेम में दिखाई देते हैं। फिल्म में परिवेश बन्द-बन्द और सिकुड़ा-सिकुड़ा सा लगता है, मानो वहाँ साँस लेने के लिए पर्याप्त खुली हवा की कमी हो। लेकिन इसके विपरीत ताजमहल या फतेहपुर सीकरी के दृश्यों में वातवारण खुला-खुला और उन्मुक्त दिखता है। शमशद और अमीना की प्रेमलीलाएँ यहाँ अपने शबाब पर होती हैं। वहाँ कोई वर्जना या निषेध की परछाईं तक नहीं दिखाई देती। यहाँ मुस्लिम चरित्र को अपनी ऐतिहासिक विरासत के साथ सहज और स्वाभाविक रूप में दिखाकर फिल्म को प्रामाणिक ही नहीं बनाते, उसे एक नया अर्थ विस्तार भी देते हैं। दरअसल 'गर्म हवा' फिल्म का हर फ्रेम जीवन-रस से इस कदर सराबोर है कि फिल्म के कलापक्ष की ओर नजर डालने की ज्यादा जरूरत ही नहीं महसूस होती। दूसरे शब्दों में, 'गर्म हवा' फिल्म नहीं, जीवन है, एक ऐसा जीवन जिसे देखने से हम कई बार कतरा जाते हैं।

मनोज रूपड़ा

सरहदों के आसपास

सरहदी इलाकों का जब भी कोई जिक्र आता है या उसका कोई तसब्बुर ज़ेहन में उभरता है, तो सबसे पहले किसी न किसी लड़ाई की तस्वीरें हमें दिखाई देने लगती हैं। फिर एक तरह का भावनात्मक या हिंसक आवेग हम पर तारी होने लगता है, और हम दुश्मन सेनाओं को बुरी तरह पराजित होते हुए देखते हैं और 'अपनी' सेना को फतह हासिल करते देखते हैं, या हम उन घुसपैठियों को मार गिराते हैं जो हमारी मातृभूमि में जबरन घुसने की कोशिश करते हैं।

आमतौर पर सरहदों के बारे में सोचने का और उसे इसी नजरिये से देखने का यह एक कॉमन सिलसिला रहा है।

चूँकि नब्बे फीसदी मामलों का सीधा सम्बन्ध मिलिट्री से होता है, इसलिए मीडिया का दायरा भी कुछ इस तरह से एडजस्ट किया जाता है कि हमें सिर्फ़ उतना ही दिखाई दे, जितने से हमारी राष्ट्रीय भावनाओं में एक नयी तरह की सनसनी पैदा हो जाय। जब सीमाओं पर कोई गड़बड़ होती है, तब राष्ट्रवाद भी टी.आर.पी के दायरे में आ जाता है। इस तरह के कवरेज में मिलिट्री के कारनामों की केबल वे तस्वीरें पेश की जाती हैं, जो लोग देखना चाहते हैं।

बाद में सरहदी झड़पें कुछ दिनों के लिए शान्त हो जाती हैं और इसके बाद कोई यह देखने नहीं जाता कि सरहदों के आसपास लगे गाँवों को इसकी क्या कीमत चुकानी पड़ती है। मीडिया का काम जहाँ समाप्त होता है, वहीं से कला का काम शुरू होता है, क्योंकि सीमाओं के आस-पास सिर्फ युद्ध नहीं होता, और भी बहुत कुछ होता है। लेकिन वहाँ और क्या-क्या होता है यह सिर्फ वही जानते हैं, जो सीमाओं के आसपास रहते हैं, या उस अनदिखते 'बहुत कुछ' पर जब किसी कलाकार की पैनी नजर पड़ती है।

सीमाओं के मामले चूँकि बहुत संवेदनशील और किसी हद तक भड़काऊ भी होते हैं। इसलिए उस लोकेशन को सिनेमा में दर्ज करने की कोशिशें भी लगातार जारी रहती हैं। सिनेमा के इतिहास में ऐसी दर्जनों फिल्में बनी हैं और ज्यादातर

फिल्में लड़ाई के दृश्यों को फिल्माने में या राष्ट्रीय भावनाओं को उभारने में ही अपनी ताकत खर्च कर देती हैं।

लेकिन इसके विपरीत कुछ फिल्में ऐसी भी हैं, जो किसी लड़ाई को नहीं बल्कि लड़ाई के बाद सरहदों के आसपास रहनेवालों की कठिनाइयों और उनकी बर्बादियों को केन्द्र में लेती हैं।

इस मामले में सर्वाधिक उल्लेखनीय फिल्म 'ब्लैकबोड्‌र्स' है, जिसे युवा ईरानी फिल्म निर्देशिका समीरा ने निर्देशित किया है। यह फिल्म ईरान-इराक़ के बार्डर के आसपास लड़ाई की आपाधापी में भटकते उन इराक़ी कुर्दों के बारे में है, जो ईरान के सीमावर्ती दर्रों में भटक गये हैं। अपनी मातृभूमि की तलाश में भटकते इन कुर्दों के कारवाँ को दिखाने से पहले कैमरा फिल्म की शुरुआत में हाई एंगल के एक एक्स्ट्रीम लाँग शॉट में पथरीली और धूसर पृष्ठभूमि में उबड़-खाबड़ रास्ते पर अपनी पीठ पर रस्सियों के सहारे ब्लैकबोड्‌र्स बाँधे छह-सात लोगों के एक दल को एक ही दिशा में जाते दिखाता है। ये वे शिक्षक हैं, जिनके स्कूल तबाह हो गये हैं और वे विद्यार्थियों की तलाश में उन सीमावर्ती गाँवों में अपने ब्लैकबोड्‌र्स लिए भटक रहे हैं।

फिल्म हालाँकि कहीं भी यह संकेत नहीं देती कि उनके स्कूल कहाँ थे और वे क्यों तबाह हुए, लेकिन यह अनुमान लगाना ज्यादा मुश्किल नहीं है कि मुस्लिम देशों के ग्रामीण इलाकों में जहाँ बच्चों को भेड़-बकरियों की तरह बलपूर्वक मदरसों में ठूँसा जा रहा हो, वहाँ गणित और विज्ञान पढ़ानेवाले शिक्षकों का क्या हश्र हुआ होगा। लेकिन उनके चेहरों से कहीं भी ये नहीं झलकता कि उन पर क्या बीत चुकी है और वे क्यों ब्लैकबोर्ड लिये दर-दर की ठोकरें खा रहे हैं।

यह एक अविश्वसनीय और भयानक मेलोड्रामा है। जहाँ लोग जान बचाने के लिए और रोटी के टुकड़ों के लिए मारे-मारे फिर रहे हों, वहाँ पढ़ाई-लिखाई की जरूरत के बारे में कोई सोच भी कैसे सकता है?

उन शिक्षकों के आपसी संवादों से हालाँकि कहीं भी यह जाहिर नहीं होता कि उनकी उम्मीदें और कोशिशें कितनी असामान्य हैं। फिल्म का अंडर टोन इतना ग़ज़ब का है कि कहीं से भी यह आभास नहीं होता कि वे शिक्षक आंशिक रूप से ही सही, मगर सही मायने में अपना मानसिक सन्तुलन खो चुके हैं।

वे जब 'शिक्षा ले लो... शिक्षा ले लो...' की गुहार लगाते हुए किसी बची-खुची आबादीवाले वीरान और युद्ध से आहत टूटे-फूटे गाँव से गुजरते हैं, तो औरतें उन्हें भयानक आश्चर्य से देखते हुए अपने घरों की खिड़कियाँ बन्द कर लेती हैं।

इन बेहाल और बदहाल गाँवों में उन्हें विद्यार्थी कहाँ से मिलते? आखिरकार शिक्षकों का वह दल भी उन अलग-अलग समूहों में बिखर गया, जिनमें से एक

समूह उन किशोर लड़कों का है, जिन्हें सीमा पर तस्करी के लिए उपयोग में लाया जाता है, और एक समूह उन बूढ़ों का है, जो मरने से पहले अपनी मातृभूमि में लौट जाना चाहते हैं।

और यहाँ भी उन शिक्षकों की कोशिशें लगातार जारी हैं कि कोई उनसे शिक्षा ले ले। तस्करी के सामान के बोझ से लदे, हाँफते बच्चों को एक शिक्षक पहाड़ा पढ़ा रहा है और थकान से चूर कदम-कदम पर लड़खड़ाते हाँफते बूढ़ों को 'भाषा' का ज्ञान दिया जा रहा है।

एक अजीब तरह के आब्सेशन के शिकार वे शिक्षक आखिर तक उन परिस्थितियों से कोई सबक नहीं लेते और यह समझ ही नहीं पाते कि फिलहाल लोगों को शिक्षा की जरूरत नहीं है कि जिन लोगों को वे शिक्षा देना चाह रहे हैं, वे दरअसल रासायनिक हमलों से बचने के लिए इधर-उधर भटक गये थे और वे अपने अस्तित्व की निर्णायक लड़ाई से गुजर रहे हैं। शिक्षकों को भले ही इस बात का कोई गुमान नहीं था लेकिन उनके कन्धों पर टँगे ब्लैकबोर्ड्स को परिस्थितियों के अनुसार अपनी भूमिका बदलनी पड़ी। यहाँ आकर फिल्म एक महाकाव्यात्मक ऊँचाई ले लेती है। जब हम देखते हैं कि सबसे पहले एक ब्लैकबोर्ड का इस्तेमाल एक दम तोड़ते बूढ़े के लिए 'स्ट्रेचर' के रूप में होता है। फिर आगे जाकर वही ब्लैकबोर्ड 'जनाज़े' में बदल जाता है। एक ब्लैकबोर्ड को तोड़कर लकड़ी के फट्टे से एक लड़के की टूटी हुई टाँग के लिए 'प्लास्टर' बनाया जाता है।

बूढ़ों के दल में एक बूढ़े की बेवा बेटी भी थी। राह चलते कुछ बूढ़े एतराज जाहिर करते हैं—इस दल में जो अकेला जवान मर्द (शिक्षक) है, वह अगर साथ चलना चाहता है तो उसे तुम्हारी बेटी से निकाह करना पड़ेगा।

अगले ही पल बीच सड़क पर निकाह की रस्म होती है, और दूल्हा-दुल्हन के बीच 'परदा' डालने के लिए भी ब्लैकबोर्ड काम आता है। दूल्हा इस उम्मीद में निकाह कबूल करता है कि कोई और नहीं तो कम से कम उसकी बीवी ही उससे पढ़ना-लिखना सीख लेगी।

प्रथम मिलन के लिए जब उन्हें एकान्त में छोड़ा जाता है, तब ब्लैकबोर्ड ही वह 'आड़' बन जाता है, जो वर्जित दृश्यों को छुपा सके। ब्लैकबोर्ड की आड़ में आते ही वह औरत अपने सहजबोध से अपने इजारबन्द खोलने लगती है, ताकि निकाह की यह आखिरी रस्म भी पूरी हो जाय। मगर शिक्षक इस मौके पर कुछ और करने के बजाय ब्लैकबोर्ड पर उसे एक वाक्य लिखना सिखाता है और वह औरत उस वाक्य को पढ़े बगैर अपने इजारबन्द बाँधते हुए ब्लैकबोर्ड की आड़ से बाहर निकल आती है।

अन्त में बूढ़ों का दल अपनी मातृभूमि तक पहुँच जाता है लेकिन वह शिक्षक

अब उनके साथ नहीं जा सकता, क्योंकि उसके पास उस देश का पासपोर्ट नहीं है। अब उस दल को और अपनी पत्नी को छोड़ने के अलावा उसके पास कोई चारा नहीं है लेकिन कानून वह उसे बिना तलाक दिये छोड़कर नहीं जा सकता। लिहाजा जिस आनन-फानन में निकाह हुआ था, उसी तर्ज पर तलाक भी हो जाता है।

तलाक शुदा बीवी को मेहर देने के लिए उस शिक्षक के पास कुछ भी नहीं था—सिवाय उस ब्लैकबोर्ड के। फिल्म के अन्त में वह औरत 'मेहर' में मिला ब्लैकबोर्ड कन्धे पर टाँगकर सीमा पार कर लेती है।

2

बँटवारा और बार्डर ये दोनों ऐसे शब्द हैं, जो हमेशा साथ रहते हैं। लेकिन ये शब्द सिर्फ शब्द नहीं हैं। हम सब जानते हैं कि बँटवारे के दौरान क्या होता है और सीमाएँ निर्धारित हो जाने के बाद क्या-क्या होता रहता है।

आमतौर पर बड़ी तादाद में होनेवाली जनहानि की खबरें जन-संचार माध्यमों से हम तक पहुँच जाती हैं, लेकिन इन चीजों का व्यक्तिगत रूप से किसी आदमी की निजी जिन्दगी में क्या प्रभाव पड़ता है और उसकी साइकी इस प्रभाव से ग्रस्त होकर क्या रूप लेती है, यह बात जनसंचार माध्यमों से नहीं, उन कहानियों से मालूम पड़ती है, जो बाद में लिखी जाती हैं।

बँटवारे के दुष्परिणामों के साइकोलॉजिकल इफेक्ट पर मंटो 'टोबाटेक सिंह' जैसी कहानी लिख चुके हैं जो सिर्फ बँटवारे की ही नहीं बल्कि एक मुकम्मल तारबन्दी की भी कहानी है।

लेकिन कुछ कहानियाँ ऐसी भी हैं जो बँटवारे की घोषणा और सीमाओं पर तार खींचे जाने के बीच के भयानक उथल-पुथलवाले समय में घटती हैं। आमतौर पर विभाजित देशों को अपनी सीमाओं को स्पष्ट रूप से अंकित करने और उस पर अपना नियन्त्रण स्थापित करने में पन्द्रह-बीस दिन लग जाते हैं और उन दिनों में कोई भी विभाजित देश पूरी तरह से एक विशाल बूचड़खाने में बदल जाता है।

बदहवासी, अविश्वास, नफरत, जुनून, लूटपाट, बलात्कार और मारकाट के उन एकस्ट्रीम दिनों में जो विकृत और विक्षिप्त मानसिकता का उभार आता है उसकी पराकाष्ठा क्या हो सकती है यह जानने के लिए पाकिस्तानी लेखक मसऊद मुफ़्ती की कहानी 'तश्नगी' (लालसा) पढ़ना निहायत जरूरी है। यह कहानी बांग्लादेश और पाकिस्तान के विभाजन के दौर पर लिखी गयी है और मसद मुफ्ती चूँकि खुद डिप्टी कमिश्नर थे इसलिए उन्होंने हर चीज को बहुत करीब से देखा और उसे बहुत कामयाबी से उभारा है।

कहानी की शुरुआत में बँटवारे की घोषणा के तुरन्त बाद बांग्लादेश के समर्थक बांग्लादेश बन जाने की खुशी का जश्न मनाने के लिए उन बंगाली और बिहारी मुसलमानों को चुन-चुनकर मार रहे हैं, जो पाकिस्तान के हामी थे। फिर तीन नौजवान लड़के 'गद्दारों' के घरों को लूटने के इरादे से निकलते हैं, लेकिन कुछ ही देर में उन्हें मालूम हो जाता है कि लूटपाट का सबसे बेहतरीन दौर खत्म हो चुका है। उन्हें ऐसी कोई चीज हाथ नहीं लगती, जिससे थोड़ी तसल्ली हो, वे खीजे हुए थे और कुछ भी कर देने पर आमादा थे।

उस शहर के बीच से एक नदी बहती थी जो पहले पता नहीं कहाँ से कहाँ तक जाती थी, लेकिन मौजूदा हालातों में वह नदी अब बांग्लादेश से पाकिस्तान की ओर बह रही थी। उस नदी के पुल पर एक मजमा लगा हुआ था। तीनों लड़के जब वहाँ पहुँचे और उन्होंने नीचे झाँककर देखा तो उन्हें कुछ लाशें पानी में बहती हुई दिखाई दीं। उन लाशों को देखकर लड़के एक नये रोमांच से भर उठे। जाहिर है कि ये उन्हीं पाकिस्तान परस्त गद्दारों की लाशें थीं। सल्लू नाम के एक लड़के पर जो इस कहानी का नायक है, एक भयानक सनसनी सवार हो गयी। उसने एक पत्थर उठाया और एक बूढ़े की लाश की खोपड़ी पर निशाना लगाया। निशाना ताक कर लगाया गया था और वह जब सीधे खोपड़ी पर जा लगा तो मजमे ने तालियाँ बजाकर शाबाशी दी। इस हौसला अफ़ज़ाई के बाद तो जैसे एक खेल ही शुरू हो गया। अब वे लड़के लम्बे-लम्बे बाँस लेकर नदी के किनारे खड़े हो गये और हर गुजरती लाश को तरह-तरह से कोंचकर उसे उलटाने-पलटाने लगे, अगर लाश किसी जजीरे में फँस जाती तो वे तैरकर लाश के पास जाते और बाँस से उसे ठेलकर नदी के दरमियानी धारा में ले आते ताकि पुल के नीचे से गुजारते वक्त नंगी औरतों के अंगों को और अच्छी तरह से देखा जा सके या उनके विभिन्न अंगों को बाँस से छुआ जा सके।

लगभग पन्द्रह दिनों तक लाशों के बहते आने का सिलसिला चलता रहा, फिर उनकी तादाद कम होने लगी। फिर जब इक्का-दुक्का लाशें आने लगीं, तो पुल का मजमा छँट गया और सल्लू के दोनों साथी भी नदी का किनारा छोड़कर चले गये। लेकिन सल्लू तब तक लाशों को देखने और उनके बदन की गुदाज गोलाइयों को बाँस से छूने की लत का शिकार हो चुका था। उसके अन्दर भरी हुई नंगी औरत को देखने की तिश्नगी इतनी भयानक थी कि वह एक जिन्दा, जवान औरत के साथ अपने जिस्मानी रिश्ते को भी नजरअन्दाज कर देता है। पड़ोस में रहनेवाली वह औरत उसे कई बार इशारों से बुलाती है, मगर वह रोज किसी नयी लाश के मिलने की उम्मीद में पुल पर जा खड़ा होता।

तब तक दोनों विभाजित देशों ने अपनी सीमाओं को और अपने अन्दरूनी

हालातों को नियन्त्रण में ले लिया था। इसलिए नदी में अब कोई बहती लाश दिखायी नहीं देती थी। लेकिन एक दिन उसे पुल पर एक जिन्दा औरत खड़ी दिखायी दी। उसके हाथ में एक दोना था और वह उसमें उठा-उठाकर कुछ पानी में फेंक रही थी। सल्लू को यह तो समझ में आ गया कि वह औरत आम रिवाज के मुताबिक दुआ की क़ुबुलियत के लिए मछलियों को अनाज खिला रही है, मगर उसे यह समझ में नहीं आया कि उसे देखकर उसका दिमाग क्यों इस कदर चकराने लगा है। उसे अन्दाजा भी नहीं लगा कि उसे क्या हो गया है। उसने जेब से चाकू निकाला, औरत की पीठ में भोंक दिया और अगले ही पल उसकी दोनों टाँगें पकड़कर उसे नदी में लुढ़का दिया लेकिन सिर्फ इतने से उसकी लालसा तृप्त नहीं हुई। उसने भाग-भागकर पत्थर उठाये और ताक ताककर नदी में डूबती-उतराती उस औरत पर पत्थर मारता रहा। फिर उसने अपना बाँस उठाया और तेजी से पुल से नीचे उतरकर नदी के किनारे जा पहुँचा जैसे वह कई दिनों का प्यासा हो। उसका दिल औरत की लाश को बांस से छूने के लिए मचल रहा था।

खैर, ये किस्सा अब यहीं खत्म किया जाए क्योंकि हिंसा का मनोविज्ञान हमारा विषय नहीं है और जैसा कि मैं पहले कह चुका हूँ कि सरहदों के आस-पास सिर्फ खून-खराबे ही नहीं होते, और भी बहुत कुछ होता है। अगर हम गौर करें तो हमें कुछ ऐसे भी दृश्य दिखाई देंगे, जिसे हम मानवीय रिश्तों की गरहमाहट और उसकी संवेदनशीलता के उदाहरण के तौर पर पेश कर सकते हैं।

मसलन राजस्थान में बाड़मेर और जेसलमेर के रेगिस्तान में जो खानाबदोश कबीले थे उन्हें बँटवारे के बाद भी यह मालूम नहीं था कि उनके खानदान अब दो देशों के बीच बँट गये हैं। उनके रोटी-बेटी के सम्बन्ध बँटवारे के बाद भी बदस्तूर जारी थे। जब तारबन्दियाँ खड़ी की गयी तो वे सोच में पड़ गये कि उन्हें क्यों इस तरफ से उस तरफ जाने से रोका जा रहा है। कुछ दिनों तक वे तार मजबूती से तने रहते फिर उस तरफ खड़ी माँ और इस तरफ खड़ी बेटी को देखकर या इस तरफ खड़ी नानी और उस तरफ खड़ी नातिन को देखकर वे खुद-ब-खुद ढीले पड़ने लगते। नानी इस 'ढील' के बीच से निकलकर नातिन से मिल आती और बेटी अपनी माँ से। सरहद तो बन चुकी थी मगर अभी तक उनके मायके और ससुराल हिन्दुस्तान पाकिस्तान में नहीं बँटे थे।

कभी-कभी रेगिस्तानी आँधी भी इन खानाबदोश कबीलों पर इतनी मेहरबान हो जाती कि वह तारबन्दियों के सैकड़ों फीट लम्बे हिस्से को रेत से ढँक देती, और तब सिर्फ इनसानों को ही नहीं मवेशियों को भी मजा आ जाता। इस पार के ऊँट उस पार की ऊँटनी से मिल आते और उस पार की बकरियाँ और भेड़ें इस पार के बकरों और भेड़ों से मिल आतीं।

बाद में दोनों देशों के बीच जैसे-जैसे तनाव बढ़ता गया वैसे-वैसे तारबन्दियाँ मजबूत हो गयीं और साथ ही साथ उनकी ऊँचाई भी इतनी उठा दी गयी कि अब आँधियों का भी वश नहीं चलता।

अब इन कबीलों के बीच आवाजाही लगभग बन्द हो गयी है। वे कबीले चूँकि अपने वैवाहिक सम्बन्धों के मामले में अपने उसूलों और परम्पराओं के बहुत पाबन्द होते हैं, इसलिए वे अपने गोत्र से बाहर रिश्ते नहीं बनाते। अब हालात ऐसे हैं कि पिछले पन्द्रह-बीस वर्षों से सैकड़ों लड़के और लड़कियाँ कुँवारे बैठे हैं। उनमें से कई लड़कों और लड़कियों की सगाई तो हो ही गयी है मगर वे शादी नहीं कर सकते क्योंकि लड़का तारबन्दी के इस तरफ है और लड़की उस तरफ। मुकम्मल तारबन्दी से पहले जिन लड़कियों का विवाह हो गया था और वे 'सीमापार' अपने ससुराल चली गयी थीं, उसे आज तक अपने माँ-बाप का चेहरा देखने का मौका नहीं मिला। दूसरी तरफ माँ-बाप भी दुखी हैं और वे भी अपनी बेटी का चेहरा देखने के लिए तरस रहे हैं। लेकिन अब वे शायद एक-दूसरे को कभी नहीं देख पाएँगे क्योंकि अब उन्हें बकायदा आइडेंटिफाई किया जा चुका है।

यह आइडेंटिफिकेशन अकसर राजनीतिक उद्देश्यों की पूर्ति के लिए किया जाता है और यह प्रक्रिया बँटवारे से भी ज्यादा भयानक है। दोनों तरफ की राजनैतिक ताकतें यह जानती हैं कि वे घुसपैठियों को तो रोक सकती हैं लेकिन सांस्कृतिक आदान-प्रदान को नहीं रोक सकतीं। सीमा रेखाएँ सिर्फ जमीन को विभाजित कर सकती हैं, संस्कृति को नहीं। बरसों से बसती आ रही आबादियाँ, उनके रिश्ते-नाते, उनकी परम्पराएँ, उनके तीज-त्यौहार उनके उत्सव और उनके लोकगीत और उनके साज से निकलती स्वरलहरियाँ किसी भी तरह की तारबन्दियों से ऊपर हैं। इस सांस्कृतिक आवाजाही को लोहे के कँटीले तारों से नहीं राजनैतिक चालबाजियों से रोका जा सकता है। और अब पूरी दुनिया में 'अस्मिता' और 'पहचान' के नाम पर जो राजनैतिक पैंतरेबाजी चल रही है, वह इस बचे-खुचे सांस्कृतिक आवागमन के रास्तों को भी नष्ट कर देगी।

एक जमाना था जब हम तारबन्दियों को देखकर यह सोचते थे कि देखो सत्ताएँ कितनी अमानवीय हैं, उसने मनुष्यों के बीच लोहे के तार बिछा दिए हैं। लेकिन अब 'अस्मिता' और 'पहचान' की राजनीति ऐसे हालात बनाने जा रही है कि सत्ताओं को कँटीले तारों की भी जरूरत नहीं रहेगी क्योंकि वे अब मनुष्य को सामुदायिक तौर पर नहीं, मानसिक तौर पर विभाजित करना चाहती हैं और ऐसी नयी सरहदें बनाना चाहती हैं जो दिखायी तो नहीं देगी लेकिन वह पुरानी सरहदों से कई गुना ज्यादा मजबूत होगी।'

अब आखिरी सवाल यह रह जाता है कि सत्ताओं के इस अमानवीय खेल के

बरक्स कला की क्या भूमिका है। क्या हमारी कलाकृतियों में इतना दम है कि वे बँटवारों, लड़ाइयों और सरहदों को बनने से रोक सकें?

हम देख चुके हैं कि मंटो ने 'टोबाटेक सिंह' में कैसे अपनी पूरी ताकत झोंक दी थी। टोबाटेक सिंह ने दो विभाजित देशों के बीच इन्हीं कँटीले तारों पर बलिदान दिया था लेकिन इस बलिदान से किसी ने क्या कोई सबक लिया? नहीं। बल्कि उसके बाद जो हालात बनते गये उससे यह साबित हो गया कि टोबाटेक सिंह का बलिदान व्यर्थ चला गया है।

सन् 1938 में ज्याँ रेनुआर ने पहले विश्वयुद्ध को याद करते हुए युद्ध विरोधी फिल्म 'ला ग्रांड ईल्यूजियो' (भव्य धोखा) बनायी। सबने इस महान कलाकृति का अभिवादन किया पर अगले ही साल दूसरा विश्वयुद्ध भड़क उठा। ज्यां रेनुआर ने युद्ध की विभीषिका और उसकी अमानवीयता का बेहतरीन चित्र दुनिया के सामने पेश किया, पर लड़ाई फिर भी शुरू हो गयी।

जब रेनुआर से इस बारे में पूछा गया तो उन्होंने कहा कि "युद्ध तो केवल तब ही बन्द होंगे जब लोगों को इस बात की समझ आ जाएगी कि युद्ध करना कितनी मूर्खतापूर्ण और क्रूर लापरवाही है।" कला युद्ध नहीं रोक सकती। कला बँटवारा नहीं रोक सकती। वह सरहदों को भी नहीं तोड़ सकती, कला सिर्फ लोगों की समझ में थोड़ा अन्तर ला सकती है। कला मानव स्वभाव और उसकी कुल समझ की बुनावट के ताने-बाने और उसके देखने-परखने के ढंग को थोड़ा सकारात्मक दिशा दे सकती है। वह हमेशा इस उम्मीद में रहती है कि लोग अभी नहीं तो फिर कभी समझ जाएँगे। ये लोग नहीं तो शायद आगे के लोग समझ जाएँगे।

सलाम आजाद
बांग्लादेश मुक्ति संग्राम

25 मार्च, 1971 की रात, पाकिस्तानी सेना ने ढाका में बेरोकटोक हत्याएँ शुरू कर दीं। बंगबन्धु शेख मुजीबुर्रहमान उस समय अपने धानमंडी स्थित आवास में थे। वे सुनिश्चित थे कि पाकिस्तान की सेना उनको गिरफ्तार करने या उनकी हत्या करने आएगी। वे शान्त और स्थिर थे। उन्होंने 'स्वतन्त्रता की घोषणा' का एक प्रारूप बोल कर लिखाया। उसे टाइप किया गया और बंगबन्धु ने 'स्वतन्त्रता की घोषणा' पर हस्ताक्षर किये। इस प्रकार बांग्लादेश का स्वतन्त्रता संग्राम आधिकारिक रूप से शुरू हो गया। उस समय हमलावर पाकिस्तानी सेना ने संचार व्यवस्था छिन्न-भिन्न कर दी थी। इसलिए बंगबन्धु के इस सन्देश को टेलीफोन से भेजना सम्भव नहीं था। बंगबन्धु के नजदीकी सलाहकार उनके निर्देशों के साथ धानमंडी आवास से बाहर निकले। चटगाँव तथा दूसरे स्थानों को वे बेतार से सन्देश भेजने में सफल रहे। लोगों ने फौरन प्रतिक्रिया की। हर जगह प्रतिरोध हुआ। अब सम्पूर्ण युद्ध शुरू हो गया था।

पूर्वी पाकिस्तान के लोग इसके पहले ही मानसिक रूप से स्वतन्त्रता प्राप्त करने के लिए अन्त तक लड़ने को तैयार थे। 7 मार्च, 1971 को रमना, ढाका के रेसकोर्स मैदान में बंगबन्धु शेख मुजीबुर्रहमान के ऐतिहासिक भाषण ने वास्तव में पूरे देश को 'मुक्ति वाहिनी' बना दिया था। 7 मार्च के भाषण में बंगबन्धु ने अनौपचारिक रूप से स्वतन्त्रता की घोषणा कर दी थी। यह इतना असरदार था कि बंगबन्धु का 7 मार्च का भाषण हमारे स्वतन्त्रता संग्राम का पहला मील का पत्थर बना। वह भाषण निम्न था—"आज मैं आपके सामने गहरे दुख और भरे दिल के साथ आया हूँ। आप सभी जानते और समझते हैं कि हमने अपनी पूरी कोशिश की, पर दुख की बात है कि आज ढाका, चटगाँव खुलना, राजशाही और रंगपुर की सड़कें हमारे भाइयों के खून से रंगी हैं। बंगाल के लोग स्वतन्त्रता चाहते हैं, बंगाल के लोग प्रेम चाहते हैं, बंगाल के लोग अधिकार चाहते हैं। हमने क्या अपराध किया है? चुनावों में बंगाल की जनता ने पूरी तरह मुझे और अवामी लीग को वोट दिया। हमारी राष्ट्रीय असेम्बली की बैठक होगी। हम संविधान और इस धरती का इतिहास बनाएँगे। इस धरती की जनता को आर्थिक, राजनीतिक और सांस्कृतिक स्वतन्त्रता मिलेगी। मुझे

बड़े दुख से बांग्लादेश का कष्टपूर्ण इतिहास बताना पड़ता है, बंगाल के लोगों का इतिहास खून से भरा है—यह खून हमारे मर रहे लोगों के कष्टों का है। इस धरती का इतिहास कष्टों और खून से भरा है।

''1952 में हमने अपना खून बहाया। 1954 में चुनाव जीतने के बावजूद हमको सत्ता नहीं मिली। 1958 में अयूब खान ने मार्शल लॉ घोषित कर हमें 10 साल के लिए गुलाम बना दिया। 1966 में छह सूत्री कार्यक्रम के समय हमारे बच्चे गोलियों से भूने गये। 1969 में अयूब खान के पतन के बाद, याहिया खान आये। याहिया ने कहा, वे देश को संविधान देंगे जिस पर हम सहमत हुए। इतने इतिहास बनाने के बाद चुनाव हुए। मैं राष्ट्रपति याहिया खान से मिला। मैंने न केवल बंगाल, बल्कि बहुमतवाले दल के नेता के तौर पर उनसे 15 फरवरी को राष्ट्रीय असेम्बली का अधिवेशन बुलाने की प्रार्थना की। उन्होंने मेरी बात नहीं सुनी और भुट्टो की प्रार्थना से सहमत हो गये। उन्होंने कहा, अधिवेशन मार्च के पहले सप्ताह से शुरू होगा। मैंने कहा ठीक, हम असेम्बली में बैठेंगे। हमने कहा, हम असेम्बली में उस सीमा तक चर्चा करेंगे कि यदि कुछ लोग सही बात कहते हैं, तो बहुमत में होने के बावजूद, हम एक सदस्य की भी सही बात से सहमत होंगे।

''मैंने आपसे शान्तिपूर्वक हड़ताल करने को कहा। मैंने आपसे सभी फैक्ट्रियाँ बन्द करने को कहा। जनता ने अपनी इच्छा से जवाब दिया, लोग हड़ताल जारी रखने का वादा करते हुए सड़कों पर उतर आये। मैंने कहा था, कपड़े खरीदनेवाले पैसे से बाहरी शत्रुओं से देश की रक्षा के लिए हथियार खरीदे जाएँ। आज वे हथियार मेरे देश के गरीब लोगों के खिलाफ इस्तेमाल हो रहे हैं, उनके सीनों पर गोलियाँ दागी जा रही हैं। पाकिस्तान में हम बहुमत में हैं—हम बंगाली, पर जब भी हमने सत्ता तक पहुँचने का प्रयास किया वे हमारे ऊपर हावी हो गये।

''मैंने जनरल याहिया खान से कहा, 'आप पाकिस्तान के राष्ट्रपति हैं, देखें कैसे बंगाल के हमारे गरीब लोगों पर गोलियाँ चलायी जा रही हैं। कैसे माताओं की गोद से बच्चे छीने जा रहे हैं। कैसे लोगों की हत्याएँ की जा रही हैं। आप आओ और देखो।' उन्होंने कहा, 'मैं दस को गोलमेज कान्फ्रेंस बुलाऊँगा।'' मैंने कहा, ''असेम्बली किसलिए बैठेगी, हम किससे बात करेंगे? आपने हमारे लोगों का खून चूस लिया है, आप चाहते हैं कि हम उनसे बात करें?'' पाँच घंटे चली एक गुप्त बैठक में उन्होंने सारे आरोप मुझ पर, बंगाल के लोगों पर लगाये। हमें इसके लिए जिम्मेदार ठहराया जा रहा है। ''खून के धब्बे अभी सूखे भी नहीं थे कि असेम्बली 25 मार्च को बुलायी गयी। 10 मार्च को मैंने कहा कि शहीदों के खून की होली पर असेम्बली नहीं खुल सकती है। पहले फौजी कानून और मार्शल लॉ हटाए जाने चाहिए। सेनाओं को बैरकों में वापस जाना चाहिए। हमारे मारे गये भाइयों के बारे में समुचित जाँच होनी चाहिए, और सत्ता जनता के प्रतिनिधियों को हस्तान्तरित की

जानी चाहिए। इसके बाद हम सोचेंगे और तय करेंगे कि हमें असेम्बली में बैठना है या नहीं। इसके पहले हम असेम्बली में नहीं बैठ सकते हैं।

''मैं प्रधानमन्त्री पद नहीं चाहता। मैं अपने देश की जनता के लिए अधिकार चाहता हूँ। मैं स्पष्ट रूप से कहना चहाता हूँ कि आज से बांग्लादेश की अदालतें, कार्यालय और शिक्षा संस्थान अनिश्चित काल के लिए बन्द रहेंगे। गरीबों को कष्टों से बचाने के लिए, यह देखने के लिए कि दूसरे क्षेत्रों में हमारे लोग पीड़ित न हों, कल से हड़ताल जारी नहीं रहेगी। रिक्शे, ठेले और रेलें चलेंगी पर सचिवालय, सुप्रीम कोर्ट, हाई कोर्ट, सेशन अदालतें और अर्ध सरकारी कार्यालय काम नहीं करेंगे। 28 तारीख को कर्मचारी अपनी तनख़्वाहें लेने जाएँगे, अगर इसके बाद उनको तनख्वाहें नहीं दी गयीं, अगर एक जगह भी गोली चली, अगर हमारे लोग मारे गये तो हमारी आप सबसे प्रार्थना है कि हर घर को एक किले में बदल दें। आपके पास जो कुछ हो उससे दुश्मन से मुकाबला करें। पूरा जीवन ठप रहेगा, गालियाँ आदि आप बन्द कर देंगे, चाहे मैं आपको आदेश न दे सकूँ तब भी। हम उनको बिना खाना-पानी भूखा मार डालेंगे। आप (पश्चिम पाकिस्तानी सैनिक) हमारे भाई हैं, आप बैरकों में रहें, कोई आपसे कुछ नहीं कहेगा, पर और गोलियाँ न चलाएँ। आप सात करोड़ लोगों को दबा नहीं सकते हैं। जब हमने मरना सीख लिया है तो कोई हमें दबा नहीं सकता है।

''जो लोग शहीद हुए हैं और घायल हुए हैं, हम अवामी लीग से उनकी भरसक सहायता करेंगे। जो लोग लीग कार्यालयों में थोड़ा पैसा जमा कर सकते हैं (वे ऐसा करें), जिन मजदूर भाइयों ने सात दिन की हड़ताल में हिस्सा लिया है उनको उनके फैक्ट्री मालिक वेतन भेजेंगे। सरकारी कर्मचारियों से मैं कहता हूँ, जो मैं कहता हूँ उसका पालन होना चाहिए। जब तक हमारा देश स्वतन्त्रता प्राप्त नहीं कर लेता, टैक्स नहीं अदा किये जाएँगे। कोई भी उन्हें नहीं देगा। सुनें, याद रखें दुश्मन हमारे पिछवाड़े से घुसा है। वे हमारे भीतर परस्पर झगड़ा पैदा करने का प्रयास करेंगे, लूट और आगजनी करेंगे। बंगाल में सभी हिन्दू और मुसलमान, सभी बंगाली और गैर-बंगाली हमारे भाई हैं। उनकी रक्षा करना हमारी जिम्मेदारी है। हर गाँव में, हर क्षेत्र में अवामी लीग प्रतिरोध एवं संघर्ष आन्दोलन के अन्तर्गत संगठित हों और जो कुछ भी हमारे पास है उसके साथ तैयार हों। हमने खून दिया है, हम और खून देंगे। इस देश के लोग स्वतन्त्र होंगे। इंशा अल्लाह! यह संग्राम हमारा स्वतन्त्रता संग्राम है। इस बार यह संघर्ष हमारी मुक्ति के लिए है। जय बांग्ला!''

भारत की प्रधानमन्त्री श्रीमती इन्दिरा गाँधी ने संसद में दिए निम्न बयान में ढाका में आत्मसमर्पण की घोषणा की—''अध्यक्ष महोदय, पश्चिम पाकिस्तानी सेनाओं ने बिना शर्त आत्मसमर्पण कर दिया है। ढाका अब स्वतन्त्र देश की स्वतन्त्र राजधानी है।''

''आज ढाका में भारतीय समयानुसार सायं 4.31 बजे पाकिस्तानी ईस्टर्न कमांड की ओर से लेफ्टिनेंट जनरल ए.ए.के. नियाजी ने आत्मसमर्पण दस्तावेज पर हस्ताक्षर किये तथा भारत और बांग्लादेश संयुक्त सेनाओं की ओर से जनरल ऑफिसर कमांडिंग, लेफ्टिनेंट जनरल जगजीत सिंह अरोड़ा ने आत्मसमर्पण स्वीकार किया।

''भारत उन लोगों के बलिदान को आभार सहित याद करेगा जिन्होंने अपना जीवन बलिदान किया और हमारे विचार उनके परिवारों के साथ हैं।

''हमारी सशस्त्र सेनाओं को, पाकिस्तानी युद्धबन्दियों के साथ जेनेवा घोषणा के अनुसार बांग्लादेश की जनसंख्या के सभी तबकों से मानवीय व्यवहार करने के सख्त आदेश हैं।

''मुक्ति वाहिनी के कमांडरों ने भी ऐसे ही आदेश अपने बलों को दिए हैं। हालाँकि अभी बांग्लादेश सरकार को जेनेवा घोषणा पर हस्ताक्षर करने का अवसर नहीं दिया गया है, उन्होंने घोषणा की है कि वे इस घोषणा पर पूरी तरह अमल करेंगे। बदला लेने की किसी प्रकार की कार्रवाई को रोकने की जिम्मेदारी बांग्लादेश सरकार, मुक्ति वाहिनी तथा भारतीय सशस्त्र सेनाओं की होगी।

''बांग्लादेश के बहादुर लोगों और उनकी मुक्ति वाहिनी को उनके देश को आतंक के राज से स्वतन्त्र कराने तथा अपनी धरती पर हमले का प्रतिरोध करने के, हमारे सीमित लक्ष्य थे। भारत की सशस्त्र सेनाएँ बांग्लादेश में जरूरत से जरा भी ज्यादा समय तक नहीं रहेंगी। अपने घरों से सीमा पार भगा दिये करोड़ों लोग वापस लौटना शुरू कर चुके हैं। युद्ध के पीड़ित इस भूमि के पुनरुद्धार के लिए सरकार और जनता के प्रतिबद्ध सामूहिक कार्य की आवश्यकता है। हमें आशा और विश्वास है कि इस नये राष्ट्र के राष्ट्रपिता शेख मुजीबुर्रहमान जल्द ही अपनी जनता के बीच अपना अधिकारपूर्ण स्थानग्रहण करेंगे तथा शान्ति, प्रगति व समृद्धि की ओर बांग्लादेश का नेतृत्व करेंगे। समय आ गया है कि वे एक साथ अपने सोनार बांग्ला के सार्थक भविष्य की ओर देख सकें। हमारी शुभ कामनाएँ उनके साथ हैं।

''यहाँ केवल एकमात्र विजय नहीं है। मानव आत्मा का मूल्य समझनेवाले सभी राष्ट्र इसे मानव द्वारा स्वतन्त्रता की खोज में एक महत्त्वपूर्ण मील के पत्थर की तरह स्वकार करेंगे।''

इस प्रकार 30 लाख लोगों का जीवन बलिदान कर बांग्लादेश स्वतन्त्र हुआ। स्वतन्त्रता संग्राम समाप्त हुआ पर इसकी याद नव-स्वतन्त्र देश को अन्त तक प्रेरणा देती रहेगी।

('बांग्लादेश के स्वतन्त्रता संग्राम में भारत का योगदान' से साभार)

रेखा श्रीवास्तव

कलाकारों की कोई सरहद नहीं होती

बॉलीवुड के कलाकारों को चाहने वाले सारे विश्व में मिल जाएँगे। कलाकारों के लिए सरहद कोई मायने नहीं रखती। हिन्दी फ़िल्मों के कलाकारों को पड़ोसी देशों में भी लाखों चाहनेवाले हैं। देखा जाए तो हिन्दी फ़िल्मों की जड़ मूल रूप से पाकिस्तान के लाहौर से जुड़ी हुई है। विभाजन के पहले लाहौर ही सिनेमा का मुख्य केन्द्र हुआ करता था। कला, साहित्य और सिनेमा ये तीनों आपस में इस रूप से जुड़े हुए हैं कि इन तीनों का पृथक अस्तित्व हो ही नहीं सकता— ख़ासकर सिनेमा का। सिनेमा और साहित्य ऐसे होते हैं जिन पर दो राष्ट्रों की सीमा भी कभी बाधक नहीं बन पातीं। आज पाकिस्तानी फ़िल्में हिन्दुस्तान में बड़ी शिद्दत के साथ देखी जाती हैं। पाकिस्तान में हिन्दी फ़िल्में उसी तरह देखी जाती है जैसे कि यहाँ। बॉलीवुड के कलाकारों का पाकिस्तान में क्रेज़ देखते बनता है। पाकिस्तान में फ़िल्म निर्माण की रफ़्तार बहुत ही धीमी है। कारण है यह है कि सुनहरा समय देख चुका पाकिस्तान का फ़िल्म उद्योग 80 के दशक में जिया उल हक़ के शासन के दौरान जबरन थोप दिये गये सख़्त क़ानून के कारण लगभग नष्ट-सा हो चुका है। गुणवत्ता के आधार पर आँका जाये तो समकालीन पाकिस्तानी सिनेमा लगभग पच्चीस वर्ष पीछे चल रहा है। लेकिन इधर के वर्षों में आये नये फ़िल्मकारों की पौध ने पाकिस्तानी सिनेमा को लेकर कुछ रचनात्मक प्रयोग किये हैं जिसमें उन्हें सफलता भी मिली है और पहचान भी।

भारत और पाकिस्तान में बॉलीवुड का कितना प्रभाव है इस बात के कई उदाहरण मिल जाते हैं। इसी विषय को केन्द्र में रखकर हाल ही में फ़राज हैदर की एक फिल्म आई थी 'वार छोड़ ना यार' इस फिल्म में दिखाया गया था कि किस तरह सीमा पर एक-दूसरे के ख़िलाफ़ बन्दूक तान कर खड़े रहनेवाले सैनिकों में इतने अच्छे सम्बन्ध बन जाते हैं कि वे एक-दूसरे को अपने देश के स्वादिष्ट व्यंजन खिलाते हैं। आपस में अन्ताक्षरी खेलते हैं। भले ही यह सिर्फ स्क्रीन में हमने देखा पर कमोवेश यह स्थिति वास्तव में है।

अमिताभ बच्चन, सलमान, शाहरुख, ऐश्वर्या, काजोल, लता, आशा के जितने दीवाने हिन्दुस्तान में हैं, उतने ही पाकिस्तान में भी। ठीक वैसे ही मेहदी हसन, ग़ुलाम अली, फ़रीदा ख़ानम, मुन्नी बेग़म, आबिदा परवीन, बेग़म अख़्तर, नुसरत फतेह अली खाँ जैसे गायकों के भारत में लाखों चाहनेवाले हैं, पर न चाहते हुए भी आदेश मिलने पर सैनिक एक-दूसरे पर गोलियाँ चलाते हैं। कला और सिनेमा आदि के लिए सरहद कोई मायने नहीं रखती। दोनों देशों के कलाकारों की दोनों देशों में कद्र है।

बॉलीवुड को लेकर पाकिस्तान में कितना दीवानापन है, इस बात का अन्दाज़ा इससे लगाया जा सकता है कि कोई भी नयी फ़िल्म भारत में रिलीज होने से पहले सीडी'ज और डीवीडी'ज में पाकिस्तान में बिकने लगती है। वे हम लोगों से पहले हिन्दी फ़िल्म देख चुके होते हैं। आँकड़े बताते हैं कि यश चोपड़ा की फ़िल्म 'वीर ज़ारा' पाकिस्तान में इतनी हिट हुई थी कि इसकी पायरेटेड डीवीडी'ज ने भी काफ़ी बड़ा व्यवसाय किया था, जो उसके भारत में किये गये कुल व्यवसाय का लगभग आधा माना गया था।

पाकिस्तान में हिन्दी फ़िल्मों की लोकप्रियता भी भारत की तरह ही है। वहाँ के सिनेमा घरों में हिन्दी फ़िल्मों का पहला दिन हाउसफुल होता है। लोग दूर-दराज के गाँव से फ़िल्में देखने शहरों में आते हैं। इस तरह हिन्दी फ़िल्में पाकिस्तान में करोड़ों रुपयों का कारोबार करती हैं।

पाकिस्तान में बॉलीवुड के स्टार्स उनके लिए एक आइकॉन की तरह है। पाकिस्तान में अमिताभ, शाहरुख़, ऋतिक रोशन, सलमान ख़ान, आमिर ख़ान, ऐश्वर्या राय, जूही चावला, रानी मुखर्जी, करीना कपूर, प्रियंका चोपड़ा, अर्जुन रामपाल आदि को लेकर बड़ा क्रेज देखने को मिलता है। यह हमेशा सुनने में आता रहता है कि पाकिस्तानी जनता बॉलीवुड के बारे में कुछ भी जानने के लिए बड़े उत्सुक रहते हैं।

अमिताभ और शाहरुख़ ख़ान पाकिस्तान में सबसे अधिक लोकप्रिय हैं। अमिताभ बच्चन के पाकिस्तानी प्रशंसकों के मन में आज भी यह सवाल मौजूद है कि रेखा और अमिताभ बच्चन ने शादी क्यों नहीं की!

पाकिस्तान में बॉलीवुड के प्रति दीवानापन सिर्फ़ सिनेमा तक सीमित नहीं है। वे भारतीय टीवी धारावाहिकों के भी दीवाने हैं। वहाँ के टेलीविज़न में भी भारतीय टीवी धारावाहिकों की भरमार है। एकता कपूर की ख़ासकर सास-बहुवाले धारावाहिक बेहद पसन्द किये जाते हैं। पाकिस्तानी महिलाएँ इन टीवी धारावाहिकों को बड़ी शिद्दत से देखती हैं।

पाकिस्तान में बच्चे और युवा बॉलीवुड के फैशन से ख़ासे प्रभावित हैं। बालों

के स्टाइल से लेकर कपड़ों तक में वे बॉलीवुड की नकल करते हैं। 'बंटी और बबली' का सलवार सूट हो या 'जब वी मेट' की करीना कपूर द्वारा पहना गया अरैबियन पैंट, सबने पाकिस्तानी लड़कियों को दीवाना बना दिया था। 'चाँदनी' में श्रीदेवी सिफॉन की साड़ी में नज़र आईं तो उस दौरान सिफॉन की साड़ियों की बिक्री बढ़ गयी थी पाकिस्तानी बाज़ारों में। गत वर्ष 'एक था टाइगर' का फैशन रहा। सलमान ख़ान की तरह गले में साफ़ा बाँधने का स्टाइल फैशन में रहा। बावजूद इसके कि 'एक था टाइगर' को पाकिस्तान में प्रतिबन्धित कर दिया गया है। इतना ही नहीं, पाकिस्तान में शाहरुख़ ख़ान के उसी तादाद में प्रशंसक हैं जितने की भारत में। बावजूद इसके कि यशराज चोपड़ा की फ़िल्म 'जब तक है जान' को पाकिस्तान में बैन कर दिया गया था। कारण यह कि 'उनके' शाहरुख़ ने फ़िल्म में भारतीय फ़ौजी का किरदार निभाया है।

बॉलीवुड के कलाकारों का पाकिस्तान में प्रसिद्धि का अन्दाज़ा इस बात से भी लगाया जा सकता है कि लाहौर की गलियों में इनके पोस्टर्स भी ख़ूब बिकते हैं। हालत यह है कि हिन्दुस्तानी फ़िल्म स्टारों और खिलाड़ियों की तस्वीरें पाकिस्तानी खिलाड़ियों और कलाकारों से महँगी बिकती हैं। लाहौर या पेशावर में कई ऑटो ऐसे मिल जाएँगे जो भारतीय फ़िल्म स्टारों की तस्वीरों से अँटी-पड़ी होंगी। इन सजी-धजी ऑटो में हो सकता है कि किसी हिन्दी फ़िल्म का कोई गीत बजता हुआ भी सुनने को मिल जाये।

हाल ही में बॉलीवुड स्टार अक्षय कुमार ने अपने पाकिस्तानी प्रशंसकों को विशेष सौगात के रूप में अपनी दिसम्बर में रिलीज होनेवाली नयी फ़िल्म 'खिलाड़ी 786' के प्रोमोशन के लिए वीडियो कॉन्फ्रेंस के माध्यम से पाकिस्तानी प्रशंसकों से बात की।

पाकिस्तान की पत्र-पत्रिकाओं में हिन्दी फ़िल्मों सितारों की ख़बरें छपती रहती है। माल रोड पर हर इतवार को एक गली में पुरानी किताबों की दुकानें लगती हैं, जहाँ पुरानी फ़िल्मों की सीडी, फ़िल्मी कलाकारों के पोस्टरर्स आदि बिकते हैं।

बॉलीवुड में भी पाकिस्तानी कलाकारों का अम्बार है। पाकिस्तानी अभिनेत्री सोमी अली ने बॉलीवुड आकर मॉडलिंग और कई फिल्में कीं जिनमें प्रमुख हैं—अन्त, कृष्ण अवतार, आन्दोलन, माफिया आदि। पाकिस्तान के स्टार क्रिकेटर मोहसीन ख़ान और बॉलीवुड अभिनेत्री रीना रॉय ने अपने प्यार के कारण सरहदों की दूरियाँ मिटा कर एक हो गये। आगे चलकर मोहसीन भारत आ बसे और हिन्दी फ़िल्मों में काम करने लगे। पाकिस्तान के जाने-माने अभिनेता और फिल्म निर्देशक जावेद शेख़ बॉलीवुड में काम करने का सपना लिए मुम्बई आये और उन्होंने नमस्ते लन्दन, ओम शान्ति ओम, अपने, हँसते-हँसते, मनी है तो हनी है, रोड टू संगम

जैसी बॉलीवुड फ़िल्में कीं। सलमा आगा ने फ़िल्म 'निकाह' में काम किया। इस फ़िल्म के चर्चित गीत 'दिल के अरमा आँसुओं में बह गए' गाने के लिए उन्हें फ़िल्म फेयर का बेस्ट फिमेल प्लेबैक सिंगर अवॉर्ड भी मिला। जेबा बख्तियार को भारत में भी काफ़ी पसन्द किया गया। ऋषि कपूर के साथ पाकिस्तान और हिन्दुस्तान के रिश्तों पर आधारित फ़िल्म 'हिना' में उन्होंने कमाल का अभिनय किया था।

पाकिस्तानी कलाकारों और गायकों की एक लम्बी फेहरिश्त है। मीरा (इर्तिजा रूआब), नर्गिस फ़ाख़री, अली जफ़र, वीना मलिक, सारा लोरेन, हुमैमा मलिक, मेहरीन सईद, मुस्कान ख़ान, साशा आगा (सलमा आगा की बेटी), मीशा साफ़ी आदि बॉलीवुड में अपने कला के रंग बिखेर रहे हैं। भविष्य में यह फ़िल्मी रिश्ता दोनों देशों की कड़वाहट को कुछ कम कर पाये इतना तो हम कह ही सकते हैं।

महेश्वर

हिन्दी सिनेमा में सरहद

साहित्य और सिनेमा में विभाजन की त्रासदी और सरहद की समस्या से जुड़ी कई फ़िल्में बनी हैं। इन फ़िल्मों में इन समस्याओं को निर्देशकों ने अपनी समझ से अलग-अलग बिन्दुओं को रेखांकित किया है। विभाजन पर लिखे साहित्य पर भी कुछ फ़िल्मों का निर्माण हुआ है। 'तमस', 'ट्रेन टू पाकिस्तान', 'पिंजर' आदि ऐसी ही फ़िल्में हैं जिनमें विभाजन के कारण जन्मी समस्याओं को बड़ी बारीकी से दिखाया गया है।

अगस्त 1956 में प्रकाशित खुशवन्त सिंह की 'ट्रेन टू पाकिस्तान' पर इसी नाम से एक फ़िल्म का निर्माण हुआ है। इस फ़िल्म में पंजाब के एक गाँव 'मनु माजरा' को केन्द्र में रखकर बनाया गया है। यह गाँव भारत-पाकिस्तान के सीमा के क़रीब ही स्थित है और यहाँ सदियों से मुसलमान और सिख मिलजुल कर जीवन व्यतीत कर रहे थे पर विभाजन के बाद स्थितियाँ बदलती हैं और लोग एक दूसरे के ख़ून के प्यासे हो जाते हैं। यह सारा वृतान्त एक प्रेम कहानी के समानान्तर चलता है। इस फ़िल्म में विभाजन की त्रासदी ही नहीं बल्कि जिहालत और गरीबी का भी चित्रण किया गया है जो जनता की परेशानी की असल जड़ है।

इसी तरह की एक और फ़िल्म है—'मम्मो'। यह श्याम बेनेगल की एक बेहतरीन फ़िल्म है। जिन्दगी के तहों को खोलने में माहिर श्याम बेनेगल की फ़िल्में अपना अलग स्थान रखती हैं। मंडी, अंकुर, भूमिका, सूरज का सातवाँ घोड़ा जैसी फ़िल्मों को बनानेवाले श्याम बेनेलग ने इस फ़िल्म में भी मम्मो के चरित्र को बखूबी उकेरा है। 'मम्मो' एक ऐसी महिला की कहानी है जो जन्म से भारतीय है पर बँटवारे के वक़्त जिसे अपने पति के साथ पाकिस्तान जाना पड़ा था। अपनी दो बहनों से दूर अपनी जड़ों से दूर। उसके पति की मृत्यु हो चुकी है। ससुरालवालों के बुरे व्यवहार से तंग आकर मम्मो अपनी बहन के पास तीन महीने की अस्थायी वीजा पर हिन्दुस्तान आती है। पाकिस्तान लौटने की उसकी कतई मंशा नहीं होती। वह बीमारी का बहाना बनाकर वीजा की मियाद बढ़वाती है। वीजा की मियाद बढ़वाने

के लिए पुलिस अधिकारी को रिश्वत देने की भी पेशकश करती है। लेकिन ऐसा हो नहीं पाता अन्ततः उसे जबरन डिपोर्ट कर पाकिस्तान भेज दिया जाता है।

भीष्म साहनी की बहुचर्चित उपन्यास 'तमस' पर गोविन्द निहलानी ने फ़िल्म बनायी है। इस फ़िल्म में भी तत्कालीन राजनीतिक-सामाजिक परिस्थितियों को बहुत ही बारीकी से दिखाया गया है। विभाजन किसी को पसन्द नहीं था फिर भी उसे स्वीकार करना हमारी नियती थी। विभाजन ने उस दौरान बड़ी संख्या में आम अवाम को बेघर किया।

विभाजन की पृष्ठभूमि पर बनी 'गदर : एक प्रेम कहानी' विभाजन की त्रासदी के बाद की भारत-पाक के प्रेमी युगल की मार्मिक प्रेम-कहानी है। किस तरह एक प्रेमी सरहद पार कर प्रेमिका को वापस अपने वतन लाने के लिए पाकिस्तानी फ़ौज से टक्कर लेता है, वह देखने लायक है। गदर में नायिका विपरीत परिस्थितियों के कारण नायक के घर में आकर रहने लगती है तो पूरा हिन्दू समाज उससे लड़ने के लिए आ जाता है। नायक का ताया उसे मारने के लिए तलवार उठा लेता है। लेकिन नायक के कारण ऐसा हो नहीं पाता। आगे चलकर नायिका का पिता धोखे से उसे पाकिस्तान ले जाता है और अपने कौम में उसकी शादी का फैसला लेता है। लेकिन नायक अपनी पत्नी को पाने के लिए एक दोस्त की मदद से अपने छोटे से बेटे के साथ सरहद पार पहुँचता है और बड़ी मुश्किलों से उसे वापस लाने में सफल हो पाता है।

देश विभाजन के बाद यहाँ रह रहे मुस्लिम समुदाय की त्रासदी और उन चुनौतियों का सामना करने का साहस एम.एस. सथ्यू की फ़िल्म 'गर्म हवा' में देखा जा सकता है। इस फ़िल्म ने विभाजन को लेकर बनी फ़िल्मों में अपना उच्च स्थान बना लिया।

दीपा मेहता की 'अर्थ 1947' में विभाजन के चर्चा के दौरान का चित्रण है। इस फ़िल्म में यह दिखाया गया है कि किस तरह एक साथ रहनेवाले लोग एक-दूसरे के खून के प्यासे हो गये थे। एक पारसी के घर काम करनेवाले अलग अलग धर्मों के लोग दोपहर को एक साथ वक़्त बिताते थे, एक दूसरे के सुख-दुख से वाकिफ़ थे लेकिन विभाजन के फ़ैसले ने उनके आपसी सम्बन्धों को बिगाड़ दिया।

विभाजन की त्रासदी से प्रभावित एक और फ़िल्म है—'पिंजर'। यह फ़िल्म अमृता प्रीतम के उपन्यास पर आधारित है। इस फ़िल्म में विभाजन की पृष्ठभूमि बहुत ही मार्मिकता से व्यक्त है। इस फ़िल्म का निर्देशन किया है—डॉ. चन्द्रप्रकाश द्विवेदी ने।

'पिंजर' पूरो नाम की एक लड़की की कहानी है। विभाजन के पहले वह आज के पाकिस्तान के सीमावर्ती गाँव में रहती है। समृद्ध जमींदार परिवार की बड़ी

बेटी पूरो की शादी रामचन्द से होनी है, लेकिन उसके पहले ही रशीद उसका अपहरण कर लेता है। रशीद से उनकी पुश्तैनी दुश्मनी है। पूरो के परिवार ने कभी रशीद के परिवार की एक औरत को अगवा और बेइज्जत किया था। रशीद पर दबाव है कि वह इसका बदला ले। पूरो के साथ रहते-रहते रशीद उसे प्यार करने लगता है। एक रात पूरो भाग जाती है, लेकिन उसके माता-पिता उसे स्वीकार नहीं करते। उन्हें डर है कि रशीद का परिवार पूरे परिवार की हत्या कर देगा। पूरो उदास मन से रशीद के पास लौटती है। रशीद उससे कोई सवाल नहीं करता। इसी बीच विभाजन होता है। विभाजन के बाद की त्रासदी में उसके मंगेतर रामचन्द की बहन का अपहरण हो जाता है। रशीद की मदद से पूरो उसे आजाद कराती है। अन्तिम दृश्य में पूरो का भाई त्रिलोक उससे भारत चलने का आग्रह करता है। रामचन्द उसे स्वीकारने को तैयार है, मगर पूरो तय करती है कि वह पाकिस्तान में रशीद के साथ ही रहेगी। रशीद और पूरो परिवार को विदा कर भारी मन से साथ लौटते हैं।

सरहद को लेकर हिन्दी में सबसे अधिक फ़िल्में जे.पी. दत्ता ने बनायी हैं। 'बॉर्डर' और 'एलओसी कारगिल' उनकी महत्त्वपूर्ण फ़िल्में हैं। इन फ़िल्मों में पड़ोसी देश की सेना का भारत में घुसपैठ और युद्ध की कहानी है। 'एलओसी कारगिल' 1996 में हुए कारगिल युद्ध को लेकर बनायी गयी है। यह एक ऐसा युद्ध था जिसमें भारतीय सेना के बहुत से युवा सैनिक मारे गये थे लेकिन भारतीय सेना ने अपने अदम्य वीरता का परिचय देकर जीत हासिल की थी। फरहान अख्तर की फ़िल्म 'लक्ष्य' भी भारत-पाक युद्ध पर आधारित है।

अमृत सागर की फ़िल्म '1971' भारत-पाक युद्ध पर आधारित है। जो पाकिस्तान में क़ैद भारतीय सैनिकों पर हुए अत्याचारों को बहुत ही मार्मिकता से व्यक्त करती है।

जे.पी. दत्ता की ही एक और फ़िल्म है, जो 'रिफ्यूजी' शरणार्थियों पर आधारित है। इस फ़िल्म में उन्होंने सरदह पार पनप आये प्रेम को परवान चढ़ते दिखाया है। प्रेम सच्चा हो तो सीमा कोई मायने नहीं रखती। फ़िल्म का नायक बार-बार सरहद पार कर अपनी प्रेमिका से मिलने आता रहता है। सीमा के पहरेदारों की नजरों से बचकर बार-बार सरहद पार करने का साहस किसी पागल प्रेमी में ही हो सकता है।

राज कपूर की फ़िल्म 'हिना' में एक ऐक्सिडेंट के कारण नायक नदी में बहता हुआ पाकिस्तान पहुँच जाता है जहाँ एक कबीले के लोग उसे बचा लेते हैं और उसकी देखरेख करते हैं। वह अपनी याद्दाश्त खो चुका है। जब उन लोगों को पता चलता है कि यह भारतीय है तो उसे जासूस साबित करने की कोशिश की जाती है। उसे पाकिस्तान की सीमा से बाहर निकालने मे हिना नाम की एक कबिलाई लड़की

उसकी मदद करती है। लेकिन किसी देश की सीमा से निकलना इतना आसान नहीं होता।

2004 में आयी फ़िल्म 'दीवार' में पाकिस्तानी जेल में बन्द युद्ध सैनिकों के जेल तोड़ कर भागने की कहानी है। वे बार बार पाकिस्तानी जेल से भागने की कोशिश करते हैं लेकिन सफल नहीं हो पाते।

सरहद को सिनेमा में कई फ़िल्मकारों ने बड़ी ख़ूबसूरती से उकेरा है। भारत का विभाजन हमेशा हमें सालता रहता है। आज भी उसकी टीस हमारे मन में है। न जाने क्यों सरहद का नाम आते ही मन में कड़वाहट की पैदा होती है। लेकिन यह सच्चाई है कि सरहद भले हमें अलग करती हो लेकिन मन में हम सबके एक जैसा ही प्रेम होता है, भाईचारा होता है जिसे कोई सरहद अलग नहीं कर सकती।

❑❑❑